# LE HAMSTER

Photos : Josée Lambert

Hormis les hamsters crème aux yeux noirs, jaune et nain (*Phodopus campbelli*) qui appartiennent à l'auteur, les autres hamsters proviennent de l'animalerie Aquanimo de Longueuil.
Les illustrations des pages 43, 44, 86, 87, 111 et 148 sont de Michel Fleury.

**Données de catalogage avant publication (Canada)**
Tremblay, Manon, D.M.V.
Le hamster
(Nos amis les animaux)

1. Hamster (Animaux familiers). I. Titre II. Collection.

SF459.H3T73 2002 636.9'356 C2002-940448-7

DISTRIBUTEURS EXCLUSIFS :

- Pour le Canada
  et les États-Unis :
  **MESSAGERIES ADP***
  955, rue Amherst
  Montréal, Québec
  H2L 3K4
  Tél. : (514) 523-1182
  Télécopieur : (514) 939-0406
  * Filiale de Sogides ltée

- Pour la France et les autres pays :
  **VIVENDI UNIVERSAL PUBLISHING SERVICES**
  Immeuble Paryseine, 3, Allée de la Seine
  94854 Ivry Cedex
  Tél. : 01 49 59 11 89/91
  Télécopieur : 01 49 59 11 96
  **Commandes :** Tél. : 02 38 32 71 00
  Télécopieur : 02 38 32 71 28

- Pour la Suisse :
  **VIVENDI UNIVERSAL PUBLISHING SERVICES SUISSE**
  Case postale 69 - 1701 Fribourg - Suisse
  Tél. : (41-26) 460-80-60
  Télécopieur : (41-26) 460-80-68
  Internet : www.havas.ch
  Email : office@havas.ch
  **DISTRIBUTION : OLF SA**
  Z.I. 3, Corminbœuf
  Case postale 1061
  CH-1701 FRIBOURG
  **Commandes :** Tél. : (41-26) 467-53-33
  Télécopieur : (41-26) 467-54-66

- Pour la Belgique et le Luxembourg :
  **VIVENDI UNIVERSAL PUBLISHING SERVICES BENELUX**
  Boulevard de l'Europe 117
  B-1301 Wavre
  Tél. : (010) 42-03-20
  Télécopieur : (010) 41-20-24
  http://www.vups.be
  Email : info@vups.be

Pour en savoir davantage sur nos publications,
visitez notre site : **www.edjour.com**
Autres sites à visiter : www.edhomme.com • www.edtypo.com
www.edvlb.com • www.edhexagone.com • www.edutilis.com



Dépôt légal : 2e trimestre 2002
Bibliothèque nationale du Québec

ISBN 2-8904-4717-0

Gouvernement du Québec – Programme de crédit d'impôt pour l'édition de livres – Gestion SODEC.

L'Éditeur bénéficie du soutien de la Société de développement des entreprises culturelles du Québec pour son programme d'édition.

Nous reconnaissons l'aide financière du gouvernement du Canada par l'entremise du Programme d'aide au développement de l'industrie de l'édition (PADIÉ) pour nos activités d'édition.

nos amis les animaux

Manon Tremblay, vétérinaire

# LE HAMSTER

le jour, éditeur

*À Jérôme-Albert, Anaïs et Sandrine.*

*Je remercie chaleureusement Lucy Romanoff*
*de l'animalerie Aquanimo de Longueuil*
*de m'avoir gentiment prêté plusieurs hamsters*
*pour la séance de photographies.*

# Avant-propos

Marie-Claire de Blois, mon professeur de première année au primaire, m'a fait connaître le hamster, ce fascinant petit rongeur. Tout d'abord parce qu'elle en gardait un dans notre classe, puis parce qu'elle me fit cadeau d'un de ses rejetons. Je l'avais choisi minutieusement. C'était un superbe petit mâle qui ressemblait en tout point à sa mère avec sa longue fourrure beige. Je l'avais nommé Tamteur. À l'arrière de notre classe, la bibliothèque abritait un bel aquarium rempli de poissons rouges. Ses occupants nageaient doucement, leur queue diaphane balayant l'eau. À côté d'eux résidait la fameuse mascotte. Naturellement, elle dormait toute la journée au son des bulles d'air dansant dans l'eau de l'aquarium.

J'avais décidé d'installer Tamteur dans la classe de ma mère qui enseignait dans la même école que Marie-Claire, l'école Morissette. Ainsi, je pouvais être avec lui très souvent et lui faire découvrir les corridors de l'établissement. Je le prenais avec moi à la maison toutes les fins de semaine. Au fil de cet ouvrage, je vous relate quelques-unes de nos aventures.

## La recherche et les laboratoires

Utilisé, entre autres, pour étudier le diabète, la physiologie et la pharmacologie, le hamster est très populaire chez les chercheurs. Sa petite taille en fait un animal facile à garder et sa grande capacité de reproduction permet d'obtenir rapidement et aisément plusieurs générations successives. Les hamsters peuvent certainement s'enorgueillir d'avoir contribué à l'avancement de la science et, par là, d'avoir sauvé des vies humaines. Cependant, se cache derrière cette mission honorable une triste réalité : on effectue parfois avec eux des expériences inutiles. Il arrive aussi que les projets de recherche utilisent plus d'animaux que nécessaire. Heureusement, certains pays se sont dotés de lois et de règlements afin de contrôler un peu plus ce genre d'activités. Des comités de surveillance ont été mis sur pied. Le Conseil canadien de protection des animaux en est un exemple.

## Des chiffres éloquents

Le Conseil canadien de protection des animaux publie des statistiques impressionnantes : en 1998, au Canada seulement, on a utilisé 1 765 973 animaux de toutes sortes (chiens, chats, primates, rats, hamsters, souris, etc.) dans les laboratoires. Si vous êtes intéressé à en savoir plus sur le sujet, visitez leur site www.ccac.ca

# Introduction

On compare souvent le hamster doré (*Mesocricetus auratus*) à un ourson en raison de son corps trapu et de ses pattes courtes. Il marche en se dandinant et s'assoit sur ses fesses tout comme l'ours des contes d'enfants. Qui ne se souvient pas d'avoir vu l'ursidé, confortablement assis, se délectant du contenu d'un pot de miel qu'il tient précieusement contre sa poitrine ? Joyeux noctambule, le hamster s'affaire toute la nuit. Il parcourt des kilomètres dans sa roue d'exercice, fait des acrobaties périlleuses et accumule plein de réserves de nourriture dans son nid. Il ne sera jamais pris au dépourvu en période de disette ! Très ordonné et méthodique, il prend bien soin d'arranger chaque chose à son goût dans sa cage. On ne lui impose pas facilement ses préférences en matière d'aménagement intérieur. Il rangera systématiquement les objets que vous aurez déplacés. Entraîner un tel consciencieux à la propreté dans sa cage est facile : déposer une minilitière dans le coin où il a choisi de faire ses besoins suffit. Incontestable ami des enfants, il réussit aussi aisément à gagner le cœur des adultes. Petit compagnon affectueux et attachant, il séduit par sa discrétion. Lorsqu'il vous regarde avec ses bajoues grossies par le précieux butin qu'il y a enfoui, vous ne pouvez faire autrement que de le trouver irrésistible. Ses mimiques sont toujours adorables !

Ce petit rongeur a vraiment toute une personnalité. Il vit obligatoirement en ermite, la rencontre d'un congénère se soldant toujours par de violentes batailles. La solitude du hamster doré est inéluctable (sauf pendant quelques minutes au moment de se reproduire) et il est très heureux ainsi. Il n'apprécie que la présence des humains. Il reconnaît rapidement les membres de la famille, mais développe un attachement particulier pour son maître. Avec lui, vous aurez des heures de plaisir. Je vous invite à le découvrir et à tomber sous son charme.

CHAPITRE PREMIER

# Origine, classification et variétés de pelages et de couleurs

## Origine

Il existe plusieurs dizaines de variétés de hamsters, qui vivent surtout en Europe et en Asie. Le hamster doré – le sujet de cet ouvrage – est originaire des régions subdésertiques de la Syrie et de l'Europe. Il vit en parfait solitaire dans de profonds terriers reliés les uns aux autres par de nombreux tunnels. La fraîcheur et l'humidité des lieux en font un endroit confortable où il fait bon vivre, à l'abri des rigueurs désertiques de la surface et des prédateurs. Ces habitations souterraines prennent un aspect quelque peu différent selon qu'un mâle ou une femelle occupe les lieux. Infatigable travailleur, le hamster s'affaire sans cesse à aménager son espace de vie à son goût. Il creuse de nouvelles galeries et il agrandit celles déjà existantes. Il y emmagasine aussi une quantité impressionnante de nourriture.

Voici deux définitions de ce comportement.

Le *Petit Larousse illustré* le décrit comme étant « un rongeur d'Europe centrale, nuisible, qui accumule légumes et grains dans un terrier compliqué ».

Le *Petit Robert* est plus clément et ne le considère pas nuisible. Il le décrit plutôt comme un « petit mammifère rongeur, au pelage roux et à ventre blanc, commun à l'est de l'Europe, qui creuse des terriers compliqués où il amasse des provisions».

Il paraît qu'on aurait déjà découvert quelques dizaines de kilos de provisions dans un seul de ces terriers! Le hamster est donc prévoyant et n'est jamais pris au dépourvu lorsque les temps se font durs. Le mot hamster est d'ailleurs dérivé du verbe allemand *hamstern* qui signifie faire des réserves.

### La domestication du hamster

Il y a longtemps, les enfants de la Syrie gardaient déjà comme animal de compagnie une curieuse souris syrienne. Tout porte à croire qu'il s'agissait en réalité de hamsters qu'ils capturaient dans la nature. Bien que l'on mentionne le petit rongeur à quelques reprises dans la littérature ancienne, il a été décrit pour la première fois de façon scientifique en 1839 dans le *Proceedings of the zoological society* par George Robert Waterhouse, le naturaliste administrateur de la société zoologique de Londres et ami de Darwin. Le musée d'histoire naturelle de Londres possède d'ailleurs dans ses archives, le crâne et la peau du hamster femelle ayant servi à G.R. Waterhouse pour faire ses recherches (spécimen ZD.1855.12.24.120). Ses écrits sur le sujet tombèrent dans l'oubli. L'intérêt pour le hamster fut ravivé en 1930 par le professeur Aharoni. C'est à ce professeur zoologiste de l'université hébraïque de Jérusalem que l'on doit la domestication du hamster doré. Ses projets de recherche portaient sur le hamster sauvage. En avril 1930, lors d'une expédition près d'Alep, en Syrie, il trouva dans un terrier de plus de 2,5 mètres de profondeur une femelle et ses 12 bébés. Il récupéra toute la famille et l'emporta dans son laboratoire. Bien que trois individus seulement aient survécu, il y eut assez de descendants (près de 300 après environ un an) pour permettre l'établissement d'une colonie de recherche. Près d'un an après la capture, le professeur Aharoni avait obtenu assez de rejetons pour qu'il lui fut possible d'en exporter quelques-uns en Angleterre. On les hébergea alors dans des zoos ou on les utilisa comme animaux de laboratoire.

Voici le chemin présumé suivi par ces animaux : le professeur Aharoni donne quelques hamsters à son collègue de l'Université de Jérusalem, Saul Adler. En 1931, ce dernier fait don de deux couples au professeur anglais Edward Hindle. En 1932, E. Hindle envoie à son tour quelques couples à un zoo de Londres. Dès 1937, des hamsters sont disponibles sur le marché des animaux de compagnie. Vers 1938-1939, les premiers hamsters sont expédiés en Amérique. Les trois hamsters survivants de l'expédition du professeur Aharoni seraient donc les ancêtres de la très grande majorité des hamsters domestiques d'aujourd'hui.

## Classification

Le hamster doré est un rongeur. Pour bien l'identifier, voici sa carte d'identité, c'est-à-dire sa classification scientifique.

Embranchement : vertébré
Classe : mammifère
Ordre : rongeur
Sous-ordre : myomorphe
Famille : cricétidé
Espèce : *Mesocricetus auratus*
Nom commun : hamster doré

Reprenons ici chacun des éléments de cette classification.

- Vertébré : l'embranchement des vertébrés comprend tous les organismes du règne animal qui possèdent une colonne vertébrale et un squelette. Il se divise en cinq groupes : poissons, batraciens, reptiles, oiseaux et mammifères.

• Mammifère : le hamster est un animal à sang chaud dont la pilosité corporelle est bien développée. La femelle possède des mamelles pour allaiter ses petits.
• Rongeur : la caractéristique commune à tous les rongeurs est de posséder quatre incisives bien développées et tranchantes. Ils ne possèdent pas de canines et, à leur place, subsiste un espace vide appelé diastème. Le mot rongeur vient du mot latin *rodere* qui veut dire ronger.
• Myomorphe : les animaux de ce groupe ont des caractéristiques communes quant à l'anatomie de leur crâne.
• Cricétidé : animal au comportement fouisseur.
• *Mesocricetus auratus* : nom latin donné au hamster. C'est son identification la plus précise.

L'ordre des rongeurs comprend un très grand nombre d'individus avec plus de 1800 espèces différentes. On estime que cela représente près de la moitié des espèces connues de mammifères. Leur classification scientifique est parfois complexe. La taxinomie (classification des êtres vivants) est une science en constante évolution, et les taxinomistes ne s'entendent pas tous. De légères variations de classification peuvent survenir d'un auteur à l'autre, mais les grandes lignes demeurent communes.

Je vous présente ici, à titre d'information intéressante, quelques-uns des cousins plus ou moins rapprochés du hamster, ainsi que leur lien de parenté avec lui. Il est intéressant de savoir que l'ordre des rongeurs se divise en trois sous-ordres : sciuromorphes, myomorphes et hystricomorphes. Cette sous-division se base sur des similitudes et des différences anatomiques subtiles bien précises concernant le crâne, le mandibule et les muscles de la mastication. Chacun de ces sous-ordres est lui aussi divisé en catégories distinctes appelées familles. Elles ne sont pas toutes énumérées ici. Celles qui présentent un intérêt pour nous sont présentées dans le tableau qui suit.

## Ordre des rongeurs

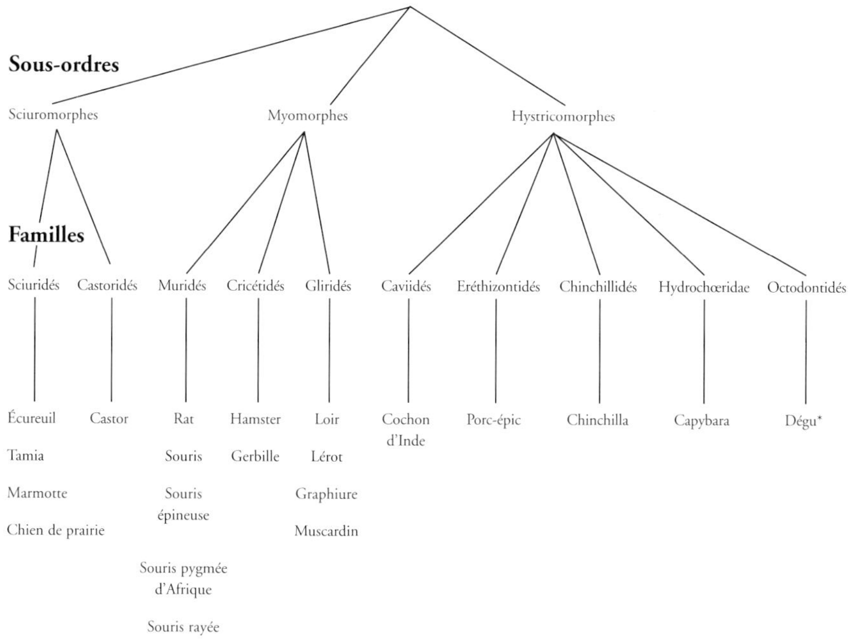


*Dans le langage populaire, l'anglicisme « dégu » est couramment utilisé. On le traduit parfois par « octodon » ou « dègue du Chili ».

### Le lapin, un imposteur

Contrairement à une croyance répandue, le lapin n'est pas un rongeur. Il est classé dans l'ordre des lagomorphes. La présence d'une petite paire d'incisives additionnelles, bien cachées derrière les incisives supérieures, le distingue des rongeurs. Le lagomorphe possède donc six incisives (quatre supérieures et deux inférieures), alors que les rongeurs n'en possèdent que quatre.

## Quelques faits intéressants à propos des rongeurs

Les rongeurs habitent notre planète depuis déjà un bon moment. En effet, le plus vieux fossile de rongeur connu date d'environ 60 millions d'années. Le succès des individus de cet ordre tient dans leur grande faculté d'adaptation. On en trouve à peu près sous tous les climats de la planète : le lemming dans les régions polaires, le capybara sous les tropiques et les gerbilles adaptées aux rigueurs du désert. Les rongeurs ont aussi adopté avec succès plusieurs modes de vie. Exemples : le castor dans les cours d'eau, la taupe dans ses galeries souterraines, le chinchilla dans les hautes montagnes, l'écureuil dans les arbres des forêts ou dans les villes et la souris dans les demeures des humains.

## Le plus petit et le plus gros des rongeurs

La petite souris africaine, *Mus minutoides*, détient le record du plus petit rongeur. Elle ne mesure pas plus de 5 cm (2 po) et pèse en moyenne de 8 à 12 g (env. ⅓ oz). Connue sous le nom de « souris pygmée », elle est parfois élevée en captivité et très appréciée comme animal de compagnie. Vous trouverez une description et des photos de cette souris dans le livre *La souris* (Le Jour, éditeur, 2001).

**Hamster à poils longs**

À l'opposé, le capybara (*Hydrochoerus hydrochaeris*) qui vit dans les cours d'eau et les marécages des forêts tropicales d'Amérique centrale et d'Amérique du Sud est, à coup sûr, le plus imposant des rongeurs. On dirait un gros cochon d'Inde à longues pattes. Il pèse entre 29 et 79 kg

(64 et 174 lb) et mesure environ 1,2 m (4 pi). Sa stature imposante cache une personnalité discrète et timide. Animal très sociable, il apprécie la compagnie et vit en petits groupes. Son pelage brun roux lui permet de bien se dissimuler aux yeux de ses prédateurs (caïman, jaguar et humain). En captivité, il vit en moyenne une douzaine d'années. Si vous avez la chance de passer dans la région de Montréal, n'hésitez pas à visiter le Biodôme. Un couple de ces fascinants rongeurs vit paisiblement dans la serre de la forêt tropicale. Site Internet du Biodôme: www.ville.montreal.qc.ca/biodome/bdm.htm

## La plus grosse espèce de hamster menacée

Vous aurez vraiment de la chance si vous rencontrez, lors d'un voyage en Alsace, un hamster européen (*Cricetus cricetus*), grand cousin du hamster doré. Certainement parce qu'il est nocturne et très discret, mais surtout parce qu'il est extrêmement rare. Le hamster européen foisonnait jadis en Europe jusqu'en Russie. Il est aujourd'hui en voie d'extinction en Allemagne, en Belgique, en France et dans les Pays-Bas. Sa situation est un peu moins critique en Europe de l'Est. Son unique refuge en France est l'Alsace. Presque inexistant dans la région du Haut-Rhin, on le rencontre sporadiquement dans la région du Bas-Rhin. Quelques colonies vivent au sud-ouest de Strasbourg.

### Un hamster jadis traqué

Vers la fin des années 1800, on détruisait massivement ces rongeurs. Les cultivateurs se plaignaient des ravages et des dégâts qu'ils faisaient subir à leurs champs. On n'hésitait pas à inonder leurs terriers ou à les piéger. Selon un auteur, il y aurait eu près de 20 000 hamsters tués pendant l'année 1910, dans une seule région agricole de la Belgique. On accordait même des primes aux chasseurs. Ce système de récompense était également en vigueur en France. Voici le résumé d'une délibération du conseil municipal de la commune d'Ernolsheim-sur-Bruche (Bas-Rhin), datée du 15 septembre 1949: «Comme dans les années avant la guerre, la commune offre aux enfants une prime pour l'attrapage de hamsters. Cette prime est fixée à 15 francs par pièce prise. En tout furent pris 345 pièces. La dépense pour la prise se monte à 5 175 francs. Elle sera payée à l'appariteur chargé de la distribution des primes sous le chapitre 12,1. »

Avec le temps, on a utilisé d'autres techniques : poison et gazage des terriers. La guerre à ce rongeur a pris une telle ampleur qu'elle a presque conduit à l'extinction de l'espèce.

Les principales menaces pour le hamster sont : la destruction de son habitat, les mauvaises techniques de labourage – les labours trop profonds brisent les terriers et les labours trop hâtifs après les récoltes empêchent le hamster de faire des réserves pour l'hiver –, la mortalité sur les routes et les prédateurs (oiseaux de proie et renards). Cette espèce étant désormais protégée, on tente de régler ces problèmes.

### Qui est *Cricetus cricetus* ?

**Hamster d'Alsace**

*C. cricetus* est un rongeur nocturne de la taille d'un cochon d'Inde. Cela fait de lui la plus grosse espèce de hamster. Son pelage est roux sauf l'abdomen qui est noir. On note également la présence de quelques taches ivoires situées autour du museau, sur les joues, en avant des épaules, sur le haut des pattes avant et à l'extrémité des quatre pattes. Son habitat est spécifique : il ne s'installe ni dans des endroits humides et rocailleux ni au-dessus de 400 mètres. Cela restreint son aire de distribution. Il vit dans les steppes et sur les terres agricoles en ayant une préférence pour les champs de céréales, de luzerne et de betteraves. En réalité, il cause très peu de dommages, lorsque sa population n'est pas trop importante. Son alimentation est composée à environ 80% de végétaux (grains, racines, tubercules, plantes, etc.). Il la complète avec des larves d'insectes, des petits amphibiens ou reptiles, de jeunes souris et des oisillons nichant au sol. Il est solitaire et ne tolère un individu du sexe opposé qu'au moment de se reproduire. Il hiberne d'octobre à mars dans son profond terrier (1 à 2 m soit 3 à 6 pi) adéquatement aménagé. En prévision de son hibernation, il ferme toutes les issues (on dénombre parfois plus de 10 entrées pour un seul terrier) et emmagasine de la nourriture (jusqu'à une dizaine de kilos) qu'il consomme tout le long de l'hiver lors de ses brefs réveils hebdomadaires.

**Hamster d'Alsace**
Nom scientifique: *Cricetus cricetus*
Noms communs: hamster européen
hamster commun
hamster à ventre noir
Longueur: mâle: 27 à 32 cm (1 pi env.)
femelle: 22 à 25 cm (9 po à 1 pi)
Longueur de la queue: 5 cm (2 po)
Poids: 220 à 460 g (1/2 lb à 1 lb)
Longévité: 4 à 8 ans
Saison de reproduction: mai à août
Maturité sexuelle: 2 à 3 mois
Gestation: 18 à 21 jours
Nombre de portées par année: 2 à 5
Nombre de petits par portée: 4 à 12 (moyenne 7)
Âge au sevrage: 3 à 4 semaines

## Variétés de pelages et de couleurs

La liste de variétés de pelages que je vous présente n'est pas complète. Elle vous servira simplement de guide afin de pouvoir identifier la plupart des hamsters. La perception des couleurs est subjective, il est toujours difficile d'être formel. Notez aussi que des variations de terminologie sont possibles d'un éleveur à un autre ou d'un club d'amateurs à un autre. D'autres couleurs sont susceptibles d'apparaître dans le futur, résultat de nouvelles mutations et de nouveaux croisements.

Tout d'abord, il existe sept variétés de pelages chez le hamster:

1) Pelage standard: c'est le type de pelage le plus connu. Les poils sont courts, droits et doux. La fourrure est très dense.
2) Pelage court satiné: la brillance de ce pelage est remarquable. Chaque poil est très fin ce qui donne un éclat et un lustre caractéristiques.
3) Pelage long: les poils composant la robe de ces hamsters sont longs et floconneux. Le pelage est composé soit d'un mélange de poils longs et de poils courts, soit entièrement de longs poils. On remarque que les mâles ont tendance à avoir plus de longs poils que les femelles. Différentes distributions de poils longs sont possibles: sur tout le corps, en petite touffe à l'arrière ou en traîne tout autour du corps.

Hamster à poils longs

4) Pelage long satiné : cette fourrure réunit les caractéristiques du pelage long et du pelage satiné.
5) Pelage frisé : les poils (longs ou courts) sont soit frisés serrés, soit simplement ondulés. Les vibrisses sont également bouclées.
6) Pelage frisé satiné : les poils sont comme le pelage frisé avec l'éclat, le lustre et la brillance caractéristiques du satiné.
7) Sans poils : il existe des hamsters nus. L'absence de poils n'est pas le résultat d'une maladie mais d'une mutation. Ces hamsters nécessitent des soins particuliers, car ils sont plus frileux. Leur apparence est toujours surprenante. Certains individus arborent quelques vibrisses frisées.

Chacune des six premières variétés de pelage peut se présenter en plusieurs couleurs ou patrons de couleurs.

- Coloration agouti : on parle ici d'un patron de couleur bien précis et caractéristique chez le hamster. Chacun des poils est foncé à sa base et pâle à son extrémité. L'abdomen est toujours blanc œuf. Une bande colorée (*cheekflash*) passe sous la mâchoire et s'étend jusqu'à la base des oreilles. Une autre bande (*crescent*) ivoire prend place juste sous le c*heekflash.*

**Hamster agouti**

Différents coloris sont possibles pour l'agouti :

- Doré : c'est la couleur originale du hamster sauvage (d'où le nom hamster doré). Le pelage est brun roux et le sous-poil est gris foncé. Les *cheekflashes* sont noirs. Yeux noirs et oreilles grises.
- Cannelle : le pelage beige rappelle la couleur du gingembre et le sous-poil est bleu-gris. Les *cheekflashes* sont brun cannelle. Yeux rouges et oreilles roses.
- Rouille : le pelage est brun rouille avec le sous-poil gris. Les *cheekflashes* sont bruns. Yeux noirs et oreilles grises.
- Doré léger : le pelage est brun doré avec le sous-poil gris foncé. Les *cheekflashes* sont noirs. Yeux noirs et oreilles grises.
- Gris foncé : le pelage est gris moyen et le sous-poil est gris foncé. Les *cheekflashes* sont noirs. Yeux noirs et oreilles grises.
- Gris argenté : pelage gris argenté et le sous-poil est gris moyen. Les *cheekflashes* sont gris. Yeux noirs et oreilles noires.
- Gris pâle : le pelage est gris pâle et le sous-poil est gris foncé. Les *cheekflashes* sont gris foncé. Yeux noirs et oreilles grises.
- Jaune : le pelage est ocre et le sous-poil est crème. Quelques poils noirs sont dispersés au milieu des poils colorés. Les *cheekflashes* sont noirs. Yeux noirs et oreilles grises.
- Blond : le pelage est blond et le sous-poil est gris. Les *cheekflashes* sont bruns. Yeux rouges et oreilles roses.
- Miel : le pelage est miel doré et le sous-poil est crème. Les *cheekflashes* sont couleur gingembre. Yeux rouges et oreilles roses.
- Lilas : le pelage est gris très pâle aux reflets lilas. Le sous-poil est gris pâle. Les *cheekflashes* sont grises. Yeux rouges et oreilles roses.
- Perle fumée : le pelage gris pâle est parsemé de poils noirs. Le sous-poil est crème. Les *cheekflashes* sont noirs. Yeux noirs et oreilles grises.
- Lilas perlé : même couleur que le lilas mais avec des poils noirs dispersés dans le pelage. Le sous-poil est crème. Les *cheekflashes* sont bruns. Yeux rouges et oreilles roses.

- Coloration uniforme : les poils sont de la même couleur sur tout le corps (même l'abdomen). Il n'y a pas de *cheekflash*. Cependant, il est possible de retrouver chez certains individus une bande blanche sous le menton ou une tache blanche sur la poitrine ou l'abdomen. Voici les principales couleurs reconnues dans cette catégorie.
  - Noir : pelage noir jais, yeux et oreilles noirs.
  - Crème aux yeux noirs : pelage crème rappelant la couleur du sable. Yeux noirs et oreilles gris foncé.
  - Crème aux yeux rouges : pelage couleur pêche. Yeux rouges et oreilles roses.
  - Blanc aux oreilles foncées : pelage blanc pur. Yeux rouges et oreilles gris foncé.
  - Blanc aux oreilles roses : pelage blanc pur. Yeux rouges et oreilles roses. Ressemble à l'albinos qui a les yeux rose pâle.
  - Blanc aux yeux noirs : pelage blanc pur. Yeux noirs et oreilles roses.
  - Ivoire aux yeux noirs : pelage ivoire. Yeux noirs et oreilles grises.
  - Ivoire aux yeux rouges : pelage ivoire. Yeux rouges et oreilles roses.
  - Sable : pelage brun noir avec sous-poil crème. Une bande crème entoure les yeux. Yeux noirs et oreilles gris foncé.
  - Cuivre : pelage cuivré avec sous-poil crème. Yeux rouges et oreilles gris pâle.
  - Chocolat : pelage couleur chocolat au lait avec sous-poil crème. Yeux noirs et oreilles grises.
  - Chocolat noir : pelage couleur chocolat noir. Yeux noirs, oreilles grises.
  - Vison : pelage brun orangé. Yeux rouges et oreilles roses.
  - Vison bleu : pelage brun aux reflets pourpres avec sous-poil crème.
  - Yeux rouges et oreilles roses.
  - Tourterelle : gris aux reflets brunâtres. Yeux rouges et oreilles roses.

**Hamster de coloration uniforme**

- La coloration marquée: les individus arborent plus d'une couleur sur leur corps. Elles sont distribuées selon un patron bien défini. Voici quelques exemples.

- Hamster à bande: une large bande blanche ceinture le corps au milieu de l'abdomen. De petites taches colorées sont parfois présentes dans la bande qui est soit bien symétrique, soit irrégulière ou incomplète. L'abdomen est blanc et le reste du corps est de n'importe quelle couleur.

**Hamster à bande**

- Hamster tacheté : des taches (plus ou moins nombreuses) d'une couleur reconnue sont distribuées irrégulièrement sur un fond blanc. Les grosses taches côtoient les plus petites. Il est possible que les taches soient coalescentes, donnant l'impression qu'il reste peu de blanc. Souvent une ligne blanche est présente entre les deux yeux, allant du museau vers le cou. L'abdomen est blanc.

**Hamster tacheté**

- Hamster écaille de tortue : le pelage est composé de deux couleurs, le jaune côtoie une autre couleur reconnue. L'ensemble donne une allure bigarrée.

**Hamster écaille de tortue**

- Hamster calico : le pelage est composé de trois couleurs : blanc avec de grosses taches de deux autres couleurs reconnues.

**Hamster calico**

CHAPITRE II

# Les hamsters nains

Minuscules rongeurs tout à fait irrésistibles, les hamsters nains sont de plus en plus présents sur le marché des animaux de compagnie. Les consommateurs ont tendance à les confondre en les nommant simplement hamsters nains. Cependant, plusieurs espèces existent dans la nature, et quatre sont vendues en animalerie :

*Phodopus campbelli*
*Phodopus roborovskii*
*Phodopus sungorus*
*Cricetulus griseus*

Il n'est pas toujours facile de bien les distinguer entre elles. Cette clé d'identification vous aidera.

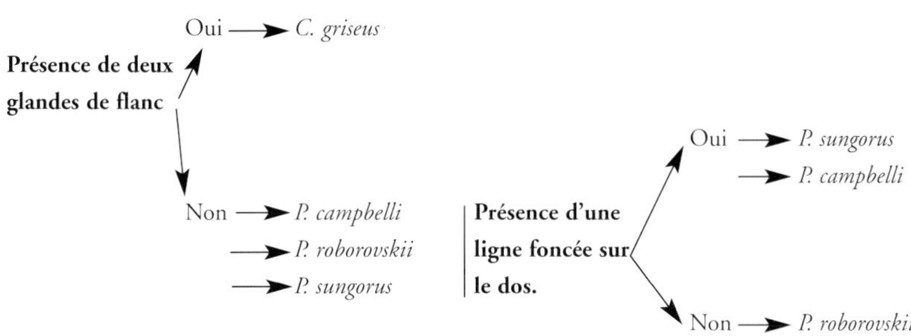

Il n'est pas aisé de différencier *P. sungorus* de *P. campbelli.* Si vous êtes observateur, vous remarquerez que la tête de *P. sungorus* est plus élancée et que son profil est plus convexe que *P. campbelli.* Ses yeux sont aussi plus près de ses oreilles que de son museau. Son pelage est gris un peu plus foncé sans les teintes de brun de *P. campbelli.* Sa ligne dorsale est un peu plus large et apparente. Ce sont là de subtiles différences. Cependant, on démasque *P. sungorus* facilement l'automne venu. Lorsque les journées sont plus courtes, la majorité de son pelage devient blanc. Dans l'hémisphère Nord, le processus débute à la mi-septembre pour se compléter à la mi-novembre. Seules quelques taches sur les épaules, la tête ou l'arrière-train restent colorées. À la fin février, début mars, il reprend sa coloration grise naturelle. Voilà comment les distinguer formellement.

## La couleur des hamsters nains

Au fil du temps, les éleveurs ont obtenu plusieurs mutations de couleurs avec les différentes espèces de hamsters nains. Je me limiterai à décrire la couleur d'origine (telle que rencontrée dans la nature) de chacun. Vous trouverez plus d'informations auprès des clubs d'éleveurs et d'amateurs au sujet de toutes ces nouvelles couleurs obtenues par des croisements contrôlés.

*Phodopus campbelli*: pelage gris brun avec la pointe des poils noire. L'abdomen est ivoire et une bande dorsale foncée court de la tête à la queue. Le beige de l'abdomen monte sur les côtés en formant trois bandes.

*P. campbelli*

*Phodopus roborovskii*: pelage brun roux. L'abdomen, le menton et les joues sont blancs. Une tache blanche circulaire est présente au-dessus des deux yeux et une petite zone grisâtre juste derrière des oreilles.

*P. roborovskii*

*Phodopus sungorus*: le pelage est gris foncé avec la pointe de chaque poil noire. L'abdomen est blanc. Une ligne foncée passe sur la tête et descend sur le dessus du dos jusqu'à la base de la queue. En hiver, le pelage blanchit. Seule la ligne dorsale et quelques taches sur la tête, les épaules ou l'arrière-train restent colorées.

*P. sungorus*

*Cricetulus griseus*: le pelage est gris brun, l'abdomen ivoire ou gris foncé. La ligne dorsale est foncée. Certains individus ont des taches blanches éparpillées dans leur pelage coloré, résultat d'une mutation. C'est le seul hamster nain à posséder une queue longue.

*C. griseus*

## La personnalité des hamsters nains

Si vous désirez avoir un petit rongeur pour le cajoler et le manipuler souvent, le hamster nain n'est pas nécessairement un bon choix pour vous. Il est plutôt indépendant et a la réputation d'être nerveux, agressif et mordeur. Mais il ne faut surtout pas généraliser. Un hamster nain apprivoisé dès son jeune âge fait confiance à son maître et accepte d'être manipulé et cajolé.

## Mode de vie

Les hamsters nains sont crépusculaires et nocturnes. Dans la nature, ils vivent dans de profonds terriers (plus d'un mètre) munis de plusieurs chambres reliées par des conduits. En captivité, ils sont très actifs et vifs. Ils creusent dans les copeaux de bois du fond de la cage, ils grimpent sur les jouets, ils explorent et roulent joyeusement dans leur roue d'exercice. Ils adorent ronger tout ce qui leur tombe sous la dent. Certains individus ont la manie de sauter en arrière en faisant un tour complet sur eux-mêmes. Ils ont tendance à déféquer et à uriner dans le même coin, ce qui facilite grandement l'entretien de la cage. Vous pouvez même installer un petit bac à litière à cet endroit.

Il est possible de garder les espèces de *Phodopus sp* en couple ou en groupe. Cependant, *C. griseus* est très territorial et doit être gardé en solitaire.

Exemples de combinaisons possibles pour les *Phodopus sp*

- Couple ou groupe de mâles : les animaux s'entendent s'ils sont issus de la même portée et s'ils ont été élevés ensemble. La cage doit être munie de plusieurs cachettes et roues d'exercice. Ils se battent violemment s'ils sont mis en présence à l'âge adulte. Évitez cette situation.
- Couple ou groupe de femelles : mêmes recommandations que précédemment.
- Groupe de mâles et femelles mélangés : batailles possibles. Suivez les mêmes recommandations que pour le groupe de mâles. La castration des mâles est fortement recommandée. Une femelle très gentille peut devenir agressive si elle devient gestante.

- Couple composé d'un mâle et d'une femelle : les congénères s'entendent généralement très bien, mais plusieurs bébés sont à prévoir, à moins que vous ne fassiez castrer le mâle.

Ne forcez jamais la nature. Séparez rapidement tout individu qui devient agressif à l'intérieur d'un groupe. Chacun a sa personnalité et elle peut changer avec le temps.

Il ne faut jamais faire cohabiter deux espèces différentes. De violentes batailles en résulteraient. Il existe cependant une exception. Certains individus de *P. sungorus* et *P. campbelli* arrivent à s'entendre s'ils sont de sexe opposé et vont même jusqu'à se reproduire. Leurs rejetons sont des hybrides non fertiles, car ils sont issus de parents appartenant à des espèces différentes. La même situation se produit lorsqu'un cheval s'accouple avec un âne. La progéniture (mulet ou bardot) est stérile. Ce type de croisement n'est pas conseillé.

## Le logement

Un aquarium muni d'un couvercle grillagé solidement fixé est idéal pour loger votre ou vos hamsters nains. Soyez prudent, car ils s'évadent facilement. Si vous optez pour une cage grillagée, assurez-vous que l'espacement des barreaux est adéquat et que le hamster ne peut s'y faufiler. Une épaisse couche de copeaux de bois blanc donne aux occupants la possibilité de creuser à leur guise et de s'y cacher. Soyez attentif, vous aurez peut-être de la difficulté à les repérer tous au premier coup d'œil. Installez plusieurs cachettes (exemples : petites boîtes, tunnels) et des jouets à ronger (exemples : branches, morceaux de bois). L'ajout d'une roue d'exercice est primordial. On en recommande une par animal. Consultez le paragraphe « Accessoires de cage » du hamster doré pour compléter l'aménagement de l'habitat de vos hamsters nains. Gardez la cage dans un environnement tempéré (température : 21 °C à 25 °C, taux d'humidité : 50 % à 55 %). Si la température grimpe à plus de 33 °C, les hamsters

Hamster écaille de tortue

Hamster jaune

Hamster écaille de tortue

Hamster nain, *Phodopus campbelli*

Hamster à poils longs, écaille de tortue

meurent d'hyperthermie. Attention aux refroidissements, ils pourraient provoquer une pseudo hibernation.

## L'alimentation

Les hamsters peuvent bénéficier d'une alimentation variée. Offrez-leur la moulée à petits rongeurs, des grains, des fruits, des légumes et, à l'occasion, des larves de ténébrions. Pour plus de détails, consultez le chapitre sur l'alimentation du hamster doré.

Un hamster nain consomme 5 à 7 g de nourriture par jour et boit environ 5 ml d'eau. Pensez à installer la pipette de la bouteille distributrice à environ 1,5 ou 2 cm du sol, afin que le petit rongeur puisse facilement l'atteindre. L'utilisation d'un bol est déconseillée. S'il est trop profond, le hamster pourrait s'y noyer. D'autre part, il se remplit rapidement de copeaux de bois compte tenu du remue-ménage constant. Vous devrez alors remplacer l'eau très fréquemment.

## Le bain de sable

Tout comme le chinchilla et la gerbille, le hamster nain apprécie le bain de sable. Cette habitude n'est pas surprenante pour un animal originaire de régions subdésertiques. Le sable utilisé est très spécial et a la texture de la cendre volcanique. On en trouve dans certaines animaleries. Ne substituez jamais ce sable à d'autres produits tels que:

sable de plage;
sable provenant d'aires de jeux extérieures;
litière agglomérante pour chat;
gravier pour oiseaux mélangé à du talc.

Dans ce bain, le hamster devient tout excité. Il gratte frénétiquement le sol de ses pattes avant et effectue plusieurs tours complets sur lui-même. Le hamster apprécie un bain quotidien de quelques minutes.

Après usage, retirez le récipient contenant le sable, car il serait rapidement souillé de selles et d'urine.

## La reproduction

Faire reproduire l'une ou l'autre des espèces de *Phodopus sp* est assez facile, car le mâle et la femelle peuvent cohabiter ensemble. Il en est tout autrement pour *C. griseus.*

Dans la nature, les hamsters se reproduisent pendant la saison où les jours sont longs. La luminosité joue donc un grand rôle dans leur cycle de reproduction. En captivité, on les garde souvent dans un environnement éclairé artificiellement, ce qui leur permet de se reproduire presque toute l'année. Les femelles sont fertiles tous les quatre jours, et leur chaleur dure environ 12 heures.

### Les Phodopus sp, des pères exemplaires

Les mâles *Phodopus sp* participent aux soins apportés aux petits et veillent sur la femelle en protégeant le territoire et en apportant de la nourriture directement dans le nid. Il arrive que la femelle chasse le mâle la journée de la naissance, mais, par la suite, il est le bienvenu. Le meilleur de tous est sans contredit *Phodopus campbelli.* Son rôle est tellement important qu'une femelle gestante séparée de son mâle risque d'avorter. Le père est très « maternel » avec ses petits. Il assiste la mère à l'accouchement : il tire sur les bébés, les débarrasse de leur enveloppe et les lèche pour les assécher. On pourrait presque le qualifier de sage-femme. Il réchauffe les petits lorsque la femelle s'absente du nid. Une étude rapporte que le taux de survie des bébés de cette espèce est d'environ 47 % lorsque la mère est seule et de près de 95 % lorsque le mâle est à ses côtés.

### La reproduction chez C. griseus

La femelle de cette espèce est extrêmement agressive envers son mâle lorsqu'elle n'est pas en chaleur. Cela rend les rencontres difficiles et risquées. De plus, des conditions bien particulières sont nécessaires afin de déclencher les chaleurs et le cycle reproducteur :

- Les hamsters doivent être soumis à une photopériode contrôlée (12 h de luminosité et 12 h de noirceur). Le moindre filet de lumière pendant la période de noirceur perturbe le cycle.
- Les hamsters doivent être gardés dans un environnement excessivement calme et sans bruit.

La chaleur de la femelle survient environ une heure après le début de la noirceur. Sa région génitale est alors légèrement enflée et rose. C'est à ce moment que vous pouvez tenter la rencontre entre les deux sexes. Une lumière rouge de faible intensité (comme celle utilisée dans la chambre noire d'un photographe) permet de voir les hamsters lorsque la femelle est introduite dans la cage du mâle. Séparez-les immédiatement après la copulation ou dès qu'il y a signe d'agression.

## TABLEAU RÉCAPITULATIF

| | *Phodopus campbelli* | *Phodopus roborovskii* | *Phodopus sungorus* | *Cricetulus griseus* |
|---|---|---|---|---|
| Autres noms | Hamster de Dzoungarie<br>Hamster de Campbell | Hamster du désert<br>Hamster de Roborovskii | Hamster sibérien<br>Russian winter white hamster | Hamster chinois<br>Rat like hamster |
| Origine | Mongolie, Dzoungarie, Asie centrale, Russie<br>Nord de la Chine<br>Kazakhstan | Mongolie, Nord de la Chine, Mandchourie, Russie | Kazakhstan, Mandchourie, Mongolie, Sibérie | Chine<br>Mandchourie, Mongolie |
| Longévité (années) | 1½ à 2 | 2 à 3½ | 1½ à 2 | 3 à 4 |
| Présence de la glande ventrale | Oui | Oui | Oui | Oui |
| Présence de deux glandes sur les flancs | Non | Non | Non | Oui |
| Queue | Courte (1 cm) | Courte (1 cm) | Courte (1 cm) | Longue (2 à 3 cm) |
| Présence d'une ligne dorsale | Oui | Non | Oui | Oui |
| Longueur | 8 à 10 cm | environ 5 cm (C'est le plus petit des *Phodopus*) | 7 à 10 cm | 10 à 12 cm |
| Poids (grammes) | 28 à 30 | 14 à 21 | 30 à 50 | 30 à 35 |
| Comportement | Grégaire | Grégaire | Grégaire | Solitaire |
| Gestation (jours) | 18 à 22 | 20 à 22 | 18 à 25 | 21 jours |
| Nombre de petits par portée | 6 à 8 | 3 à 6 | 4 à 6 | 4 à 5 |
| Hybridation | Possible avec *P. sungorus* | Impossible | Possible avec *P. campbelli* | Impossible |
| Aide du père pour élever les petits | Oui | Oui | Oui | Non |
| Maturité sexuelle (mois) | 2 | 4½ | 1½ à 2 | 3 |
| Âge au sevrage (jour) | 18 à 21 | 18 à 21 | 18 à 21 | 18 à 21 |

## CHAPITRE III

# Anatomie et physiologie

L'anatomie du hamster reflète son mode de vie. Un corps compact et robuste muni de pattes fortes et musclées est tout indiqué pour creuser des terriers et des galeries. Une fourrure dense et fournie le protège du froid et, dans la nature, il hiberne les mois durant lesquels il fait froid. Une couche de graisse brune qui prend place entre les deux omoplates et au niveau du thorax lui assure une source d'énergie et lui permet de maintenir une température corporelle stable pendant cette période. Chez les nouveaux-nés, on trouve les mêmes réserves de graisses brunes ; elles assument principalement un rôle de thermorégulation.

## L'hibernation

Pendant une froide nuit d'hiver, il y avait eu une panne d'électricité à l'école Morissette. La température dans la classe de ma mère était descendue graduellement pour atteindre les 8 °C ou 10 °C environ. En arrivant ce matin-là, j'ai retrouvé mon hamster Tamteur tout froid et enroulé sur lui-même dans sa cage. J'étais persuadée qu'il était mort. Je l'ai pris dans mes mains en sanglotant. Je l'ai cajolé quelques minutes et à ma grande stupéfaction, j'ai remarqué qu'il respirait encore. Après l'avoir réchauffé contre moi, il est lentement revenu à la vie. À cette époque, je ne comprenais pas vraiment ce qui s'était passé ; il s'était simplement mis à hiberner en raison des conditions ambiantes défavorables. La morale de cette histoire : vous devez être absolument certain que votre hamster n'est pas en train d'hiberner avant de conclure qu'il est décédé et de prendre les dispositions qui s'imposent !

### L'hibernation, un phénomène naturel qu'il n'est pas bon de recréer en captivité

Le hamster n'est pas un hibernant obligatoire et cyclique comme la marmotte. Il s'adapte aux conditions du milieu qui lui dictent quand il doit entrer en état de dormance. Un hamster gardé dans une maison où la température ambiante est toujours stable et confortable n'hibernera jamais. Dans la nature, le hamster utilise l'hibernation pendant les mois les plus froids. En ralentissant son métabolisme au maximum, il peut plus facilement affronter la pénurie de nourriture. Se préparer à hiberner est un processus complexe et graduel. Le hamster réaménage son terrier en fermant toutes les entrées secondaires, il amasse de la mousse et autres matériaux isolants pour en tapisser son nid, puis il fait une grande réserve de nourriture pour subvenir à ses besoins lors de ses brèves périodes de réveil. Son corps se prépare également en accumulant des graisses et des substances nécessaires à son état d'hibernant. Il n'est pas souhaitable, et même dangereux, qu'un hamster de compagnie hiberne.

### Un ou plusieurs de ces facteurs déclenchent l'hibernation :

- Une baisse de la température ambiante : l'hibernation est provoquée par des températures variant entre 5 °C et 10 °C. Des températures inférieures à 0 °C sont généralement fatales pour le hamster.
- Une intensité lumineuse faible et des journées très courtes.
- Un environnement anormalement calme.

### Ne pas conclure à un décès trop rapidement

Le hamster en état d'hibernation peut vraiment sembler mort. Son corps est froid et raide. Sa respiration est à peine perceptible et son pouls est au ralenti. Certains individus réagissent encore un peu aux stimuli externes. Si vous retrouvez votre hamster dans cet état, réchauffez-le graduellement dans vos mains. Le processus peut prendre jusqu'à une heure. Une fois bien réveillé, offrez-lui sa nourriture préférée. Déterminez avec exactitude ce qui a provoqué son hibernation et veillez à ce que la situation ne se reproduise plus.

## Le système musculo-squelettique

### Le hamster fouisseur

Dans la nature, le hamster creuse des terriers profonds et composés de plusieurs chambres reliées par des tunnels. Ses pattes sont donc courtes et fortes. Travaillant inlassable, il s'affaire avec enthousiasme et rapidité.

### Le hamster grimpeur

Le hamster grimpe facilement et se retrouve rapidement accroché au toit de sa cage, la tête à l'envers. Il se laisse souvent choir par terre au lieu de redescendre sagement. Grimper fait partie de ses activités favorites.

### Le hamster nageur

Le hamster est un très mauvais nageur. Un hamster trempé qui n'a pas la possibilité de se sécher rapidement tombe souvent malade. La plupart évitent toute occasion de se mouiller. Dans de l'eau froide, un hamster perd rapidement sa chaleur corporelle (en raison de sa très petite taille) et sa vie est mise en danger.

### De jolies petites pantoufles

Le dessous des pattes du hamster est formé de petits coussinets de chair, appelés callosités plantaires. Ils rendent sa démarche silencieuse. On pourrait les comparer à des semelles antidérapantes. Elles absorbent les chocs lorsque le hamster saute et l'empêchent de glisser quand il court. Ces coussinets sont sensibles et s'irritent parfois. Les fonds de cage grillagés et l'accumulation d'urine et de selles sont des facteurs contribuant à l'apparition de problèmes. En cas de rougeur, d'enflure ou de blessure sur les coussinets, consultez votre vétérinaire et modifiez l'environnement.

### Parlons des griffes

Le hamster possède cinq doigts aux pattes arrière, et cinq doigts aux pattes avant (quatre très habiles et un pouce vestigial). Il les utilise pour manipuler sa nourriture. Tous les doigts se terminent par de minuscules griffes. Le hamster utilise ses griffes pour grimper, creuser et se toiletter. Il est exceptionnel de devoir les tailler.

## Le système digestif

Le système digestif du hamster est fragile, et tout changement alimentaire brusque ou la consommation de mauvais antibiotiques peut provoquer de la diarrhée. Il est donc important de ne pas lui donner n'importe quoi à manger (voir chapitre 7). Le hamster est omnivore à forte tendance granivore, ce qui signifie qu'il peut aussi bien consommer les protéines animales que les végétaux, mais qu'il préfère les produits céréaliers. La forme de son estomac est particulière et empêche tout retour d'aliments vers le haut. Il lui est donc impossible de vomir. Cette incapacité physique caractérise aussi le lapin, le rat, la souris, le chinchilla et le cheval, pour ne nommer que ceux-là. Par conséquent, il n'est pas nécessaire, ni recommandé, de faire jeûner le hamster avant une anesthésie. L'individu privé de nourriture tombe rapidement en hypoglycémie (taux de sucre sanguin bas). Cette situation n'est pas souhaitable et peut même prolonger la convalescence.

## Un estomac particulier

L'estomac du hamster est distinctif et possède deux compartiments. La section antérieure est non glandulaire. Des bactéries spéciales y fermentent la nourriture. La section postérieure de l'estomac contient des glandes qui sécrètent les substances nécessaires pour compléter la digestion des aliments déjà fermentés. Ce système digestif est adapté à la conservation de l'eau (cette caractéristique est bien utile pour une espèce vivant dans un climat désertique où l'eau se fait rare). Les selles normales du hamster sont ovales, noires et fermes. Elles mesurent environ 5 mm. Il est tout à fait normal que le hamster consomme certaines d'entre elles. Ce comportement, connu sous le nom de coprophagie, est nécessaire à la santé de l'animal. Il récupère ainsi certaines vitamines du complexe B.

## Les habitants de l'intestin

La flore intestinale est composée principalement de bactéries appelées *Lactobacillus sp* et *Bacteroïdes sp.* Le cæcum (partie du gros intestin) est volumineux et peuplé de micro-organismes (bactéries et protozoaires) qui terminent la digestion des grosses fibres de cellulose, non digestibles autrement.

## Les poches jugales ou bajoues

Les poches jugales ou bajoues sont très utiles pour le hamster qui a l'instinct de ramasser tout ce qu'il trouve intéressant pour l'apporter dans son nid. Situées de chaque côté de la bouche, elles s'étendent des joues jusque derrière les épaules. Ce sont deux sacs musculaires très extensibles tapissés par la muqueuse buccale. Ils servent principalement à transporter de la nourriture, mais, à l'occasion, une femelle peut y enfouir ses petits pour les déménager en toute sécurité.

**Hamster aux bajoues pleines de nourriture**

Le hamster se sert de ses pattes avant pour les vider. Il exerce une pression de l'arrière vers l'avant en passant sa patte sur sa joue et ouvre grand sa bouche. Il est normal qu'il y ait éversion de la muqueuse de la poche lors du processus. Elle reprend toujours sa place rapidement. Il arrive parfois que de la nourriture y reste coincée ou qu'une particule de nourriture pointue ou coupante blesse l'intérieur de la poche. Dans ce cas, consultez votre vétérinaire.

La capacité de distension est surprenante. Vous serez sans doute surpris de voir grossir votre hamster à vue d'œil lorsqu'il fait des provisions. Ne vous inquiétez pas, il connaît ses limites. La nature a tout prévu. Une grande quantité de peau recouvre le corps du petit animal. Il y a amplement de place pour permettre aux deux poches de se remplir à pleine capacité sans provoquer d'inconfort.

## Les dents

Le hamster possède 16 dents: 2 incisives supérieures, 2 incisives inférieures, 6 molaires supérieures, 6 molaires inférieures. C'est une dentition assez minimale sans canines ni prémolaires. À la place des canines se trouve un espace vide appelé diastème.

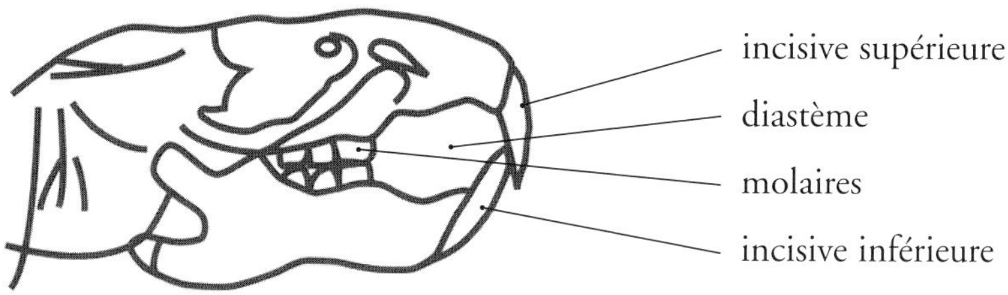


**Crâne vu de côté**

### La structure de la dent

Les incisives normales du hamster sont orangées. Elles poussent continuellement, pendant toute la vie du rongeur. Les inférieures sont environ trois fois plus longues que les supérieures. C'est normal, leur vitesse de croissance est trois fois plus rapide. Les gens pensent souvent à tort que les dents de leur hamster sont trop longues. Les incisives s'usent grâce aux mouvements de la mastication et lorsqu'il ronge. Elles sont recouvertes d'émail très dur sur leur face antérieure et de dentine plus friable sur leur partie postérieure. Il en résulte une usure plus rapide de la partie arrière de la dent. Vues de côté, les incisives sont usées en biseau, ce qui les rend tranchantes.

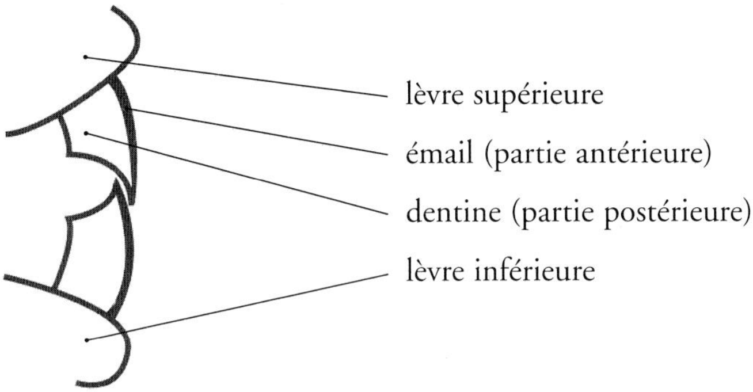


**Incisives vues de côté**

Voilà pourquoi il est si facile pour ce petit animal de tout ronger. Ses morsures surprennent et occasionnent une douleur vive. Les incisives tranchantes pénètrent profondément et la plaie saigne abondamment. La personne mordue doit bien désinfecter la plaie et consulter un médecin si des signes d'infection se manifestent (enflure, douleur excessive, élancement, écoulement de pus). Il est exceptionnel qu'un hamster apprivoisé morde. Cependant, il se peut qu'il le fasse s'il est surpris, s'il souffre ou s'il est très effrayé.

Les molaires, bien cachées au fond de la bouche, ne sont pas des dents à croissance continue. Elles servent à broyer les aliments. En raison de la forme particulière de ces dents, des particules de nourriture restent parfois coincées, ce qui prédispose le hamster aux caries dentaires.

## Les sens

Les sens du hamster sont très aiguisés. Grâce à eux, il retire un maximum d'informations sensorielles de son milieu.

## La vue

### Des yeux adaptés à la pénombre

Les yeux du hamster sont conçus pour bien fonctionner dans la pénombre ; la lumière vive les incommode. Les animaux nocturnes ont souvent de grands yeux globuleux qui semblent presque sortis de leur orbite. Leur grande surface permet de capter le peu de lumière d'un environnement sombre. Un simple clair de lune suffit au hamster pour bien voir. Le hamster est donc parfaitement à l'aise la nuit.

### Une capacité visuelle limitée

Le hamster ne jouit pas d'une bonne acuité visuelle. Il ne voit pas bien les détails et distingue plus facilement les objets en mouvement. Incapable de bien juger les distances, le hamster n'est pas impressionné par les hauteurs et se jette parfois dans le vide sans crainte. Il peut se blesser gravement en tombant d'une table, d'un bureau ou d'un balcon. Le hamster compte plus sur ses vibrisses et son odorat que sur sa vue pour s'orienter.

### Un grand champ de vision

L'implantation latérale des globes oculaires permet au hamster de bénéficier d'un grand champ de vision (au-dessus, en avant et en arrière). Cette particularité est très utile pour cet animal, qui est une proie convoitée par de nombreux prédateurs. Le hamster peut donc voir venir le rapace qui plane au-dessus de lui ou le renard qui s'approche par l'avant ou par l'arrière. En captivité, le hamster garde encore son instinct : il est mal à l'aise quand une ombre passe au-dessus de lui. Pour aborder votre animal, placez votre main sur le côté ou sur le devant. Il appréciera sûrement cette attention.

### La glande de Harder

« Mon hamster pleure des larmes de sang ! » C'est ce que pensent la plupart des gens quand ils aperçoivent un liquide rouge s'accumuler dans les poils autour des yeux de leur animal. Cette sécrétion est en fait composée de larmes teintées par les sécrétions provenant de la glande de Harder.

Cette grosse glande, ainsi nommée en l'honneur de l'anatomiste Jakob Harder qui l'a découverte au XVII$^{e}$ siècle, est bien cachée derrière chaque globe oculaire. Les sécrétions qu'elle fabrique sont lipidiques et riches en pigments de porphyrines rouges. Elles lubrifient l'œil et les paupières. Produites en petite quantité, on ne les remarque pas. Le hamster les étend sur son pelage au cours de son toilettage quotidien. Cependant, dans certaines situations, un surplus de ces larmes rouges déborde autour d'un ou des deux yeux, et donne franchement l'impression que le hamster pleure du sang. Les abondantes sécrétions rouges passent ensuite dans le nez par un petit canal. Le tour des narines se souille et vous aurez l'impression que votre hamster saigne du nez. Pour vous rassurer, observez bien votre animal. Ses larmes sont rouge brique et non rouge sang. Les sécrétions de la glande de Harder deviennent fluorescentes à la lumière bleue d'une lampe spéciale. C'est un test que votre vétérinaire utilise à l'occasion. C'est la meilleure méthode pour les différencier formellement du sang. Ne soyez pas surpris de voir les pattes avant de votre hamster toutes rouges. Il s'est probablement taché en nettoyant son museau souillé.

Bien qu'il soit rare d'observer une surproduction de « larmes rouges » chez le hamster, elle se produit lorsque :

- le hamster subit un stress très intense ;
- le hamster est atteint d'une infection qui irrite la glande. Cela est particulièrement vrai dans le cas d'infections respiratoires.

### Remarque

- Il est possible qu'un hamster devienne aveugle à la suite d'une maladie (infection, cataracte, etc.). Ce handicap ne nécessite cependant pas automatiquement l'euthanasie. Un hamster aveugle apprend facilement à fonctionner dans sa cage, à condition que les accessoires ne soient pas constamment déplacés. Il appréciera la sécurité de votre épaule ou de l'intérieur de votre chandail. Le hamster aveugle est beaucoup plus calme, mais il demeure quand même actif et roule chaque soir dans sa roue d'exercice.

- Un hamster aux yeux rouges est plus sensible à la lumière vive (par exemple, le plein soleil) qui les irrite passablement. Son acuité visuelle est aussi moins bonne.

## L'ouïe

Les pavillons d'oreilles du hamster sont dépourvus de poils, et leur peau est mince et fragile. Il les tient rabattus sur le côté de sa tête s'il est inquiet, fâché ou au repos. Il les déploie bien grand lorsqu'il explore ou est heureux et en pleine confiance.

### Le hamster attentif

Peu de sons échappent au hamster, même ceux que les humains ne peuvent pas entendre. Il est toujours à l'affût. Les pavillons de ses oreilles sont grands et mobiles. Cela lui permet de bien identifier et localiser les bruits.

### L'effet de la musique

La musique adoucit les mœurs, même ceux des hamsters! Ces singuliers mélomanes semblent tout particulièrement transportés par la musique classique. Ils réagissent positivement à ce type de mélodies. Alors n'hésitez pas à lui faire écouter de la musique douce.

## Le toucher

### Les vibrisses

Les vibrisses d'un animal jouent un rôle de premier plan dans la transmission des sensations tactiles. Elles sont généralement plus longues chez les espèces crépusculaires et nocturnes. Chez le hamster, elles représentent le complément indispensable de la vue. Elles informent l'animal sur son environnement immédiat. Par exemple, votre hamster n'a qu'à passer la tête dans un orifice pour savoir si le reste de son corps peut passer. Le hamster possède des vibrisses autour du nez, sur les joues, sur la lèvre supérieure et au-dessus des yeux. Elles sont ultrasensibles et détectent de faibles déplacements d'air.

Le hamster n'aime pas marcher au beau milieu d'une pièce où il n'existe aucun repaire tactile. À l'état sauvage, le hamster vit dans des tunnels souterrains étroits et il utilise les informations tactiles fournies par son milieu. Il ne se sent pas à l'aise s'il ne dispose que de sa vue pour évaluer l'espace. Voilà pourquoi il cherche toujours à longer les murs ou les meubles.

## L'odorat

Le hamster a bon nez ! Son odorat est bien développé, ce qui est logique pour une espèce nocturne qui ne peut pas toujours voir ce qui l'entoure. Son nez lui fournit une foule de renseignements. Renifler les odeurs est un mode de communication très important. Le mâle peut reconnaître une femelle en chaleur ou son maître à leur seule odeur.

### Des odeurs perceptibles seulement par les hamsters

Comme plusieurs animaux, le hamster communique avec ses congénères à l'aide d'odeurs corporelles et de phéromones. Deux glandes sont particulièrement impliquées : les glandes des flancs, dites glandes costo-vertébrales, situées sur chaque flanc, près du dos. Ce sont deux taches ovales et un peu en légère surépaisseur.

Hamsters: vue dorsale

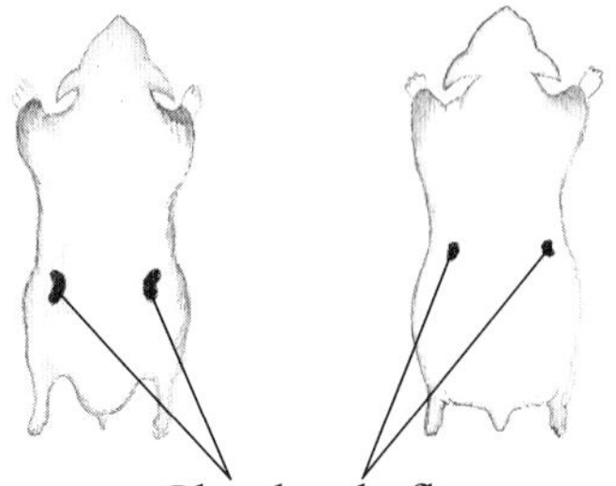

Elles sont composées d'un regroupement de glandes sébacées pigmentées de noir et normalement cachées par les poils. Elles sont parfois méprises pour un cancer de la peau. Elles sont plus visibles et développées chez le mâle, particulièrement en saison de reproduction. Il les lèche parfois et elles deviennent alors plus apparentes. Si ce comportement devient excessif et irritant, et s'il infecte les glandes, la castration est indiquée, car cette conduite est sous le contrôle des hormones sexuelles. Chez les jeunes hamsters, les glandes sont petites et peu pigmentées. Elles servent à marquer le territoire (le hamster aime passer dans les endroits étroits où il peut frotter ses flancs pour déposer son odeur) et sont également impliquées dans la reproduction.

### Remarques

- Vous avez touché un furet, un chat ou un chien inconnu, votre hamster détectera immédiatement l'odeur laissée sur vos mains ou vos vêtements. Vous aurez peut-être de la difficulté à le prendre : il sera plus nerveux qu'à l'habitude et pourra même vous mordre la main en pensant qu'elle fait partie de l'animal qui l'effraie.
- Le hamster utilise aussi son odorat pour détecter les odeurs corporelles de ses congénères. Comme il lui serait difficile de reconnaître formellement l'un des siens seulement en le regardant, son museau l'informe sur son voisinage. Le premier réflexe d'un hamster qui en rencontre un autre est de le sentir. Sauf dans le cas d'un mâle et d'une femelle prête à se reproduire, ils s'attaquent. La mémoire olfactive du hamster est excellente et il se souvient facilement de l'odeur de tous ceux qu'il aime (les humains ou les animaux).

### Le goût

Le hamster a le goût développé et il choisit les aliments qui lui plaisent. En fait, il semble que ce soit tout d'abord l'odeur des aliments qui le guide dans ses choix.

## Le système cardio-respiratoire

Le métabolisme du hamster est très rapide. Son cœur bat à toute vitesse (310 à 470 battements par minute) et sa respiration doit suivre le rythme (38 à 110 inspirations par minute). Prenons l'exemple d'un rythme cardiaque de 420 battements par minute. Cela représente sept contractions du muscle cardiaque à chaque seconde! Pas étonnant que les organes du hamster s'usent rapidement. Voilà donc l'explication de sa si courte longévité.

Les poumons du petit rongeur ont une forme bien curieuse: un gros lobe à gauche et cinq petits lobes à droite.

## Le système urinaire

L'urine normale du hamster est opaque, d'apparence laiteuse, et sa couleur varie de beige à jaunâtre. Elle contient beaucoup de cristaux et son pH est très basique. Ce type d'urine tache facilement le fond en plastique des cages. La croûte dure qui s'y forme n'est pas facile à nettoyer et vous pourrez l'enlever seulement en la grattant. Les reins du hamster sont adaptés à un environnement aride et sont capables d'économiser l'eau du corps en produisant une urine très concentrée.

## Le système reproducteur

Il est certes très efficace. Vous l'aurez sans doute remarqué si votre femelle a mis bas… Fait intéressant: le hamster est le mammifère ayant la durée de gestation la plus courte (16 à 18 jours). Seuls les marsupiaux hébergent moins longtemps leurs petits dans leur utérus. Contrairement au hamster, ils mettent au monde un petit prématuré qui a besoin pour survivre de terminer son développement dans la poche ventrale de sa mère.

## Le pelage

La couleur brun roux du pelage original du hamster est un excellent moyen de camouflage dans le milieu naturel.

## La peau

Le hamster n'a pas de glandes sudoripares, mais des glandes sébacées. Incapable de suer ou de haleter pour se rafraîchir, il est particulièrement sensible aux coups de chaleur. En réponse à une augmentation de la température, il produit simplement un petit surplus de salive.

### La couleur de la peau : un indicateur de santé

La peau normale du hamster est rose. On peut l'observer en tassant les poils ou en regardant directement les endroits glabres (oreilles, queue, pieds). Voici la signification des différentes couleurs de peau chez le hamster.

| Couleur de la peau | Raison | Quoi faire ? |
| --- | --- | --- |
| Jaune | Jaunisse (ictère) | Consultez rapidement votre vétérinaire.<br>La jaunisse est le symptôme d'un foie très malade. |
| Bleue | Hématome | Consultez votre vétérinaire, car l'hématome est le résultat d'un traumatisme ou d'un défaut de la coagulation du sang. Il peut être anodin ou s'accompagner d'une fracture ou d'une hémorragie interne.<br>La peau rasée d'un hamster foncé devient bleutée lorsque les nouveaux poils émergent de leurs follicules. Il n'y a rien à faire, c'est normal.<br>La peau et les gencives bleues indiquent que le hamster est en choc ou en détresse respiratoire. Consultez votre vétérinaire d'urgence. |

| | | |
|---|---|---|
| Blanche | Anémie | Consultez votre vétérinaire afin qu'il détermine la raison et la gravité de l'anémie. Le hamster aura besoin de soins spécialisés. |
| Rouge | Irritation, infection ou allergies | Voyez votre vétérinaire afin qu'il pose le bon diagnostic et qu'il prescrive le traitement adéquat. |
| | Coup de chaleur | Administrez les premiers soins très rapidement (voir chapitre V) et rendez-vous d'urgence chez le vétérinaire. |

## Données anatomiques et physiologiques du hamster

Longévité : 2½ à 3½ ans (rarement 4 ans)
Poids adulte : mâle : 85 à 130 g (2,8 à 4,3 oz env.)
femelle : 95 à 150 g (3 à 5 oz env.)
Poids à la naissance : environ 2 g
Longueur du corps : environ 15 cm (6 po)
Longueur de la queue : environ 1 à 1,2 cm (0,4 à 0,5 po)
Rythme respiratoire : 38 à 110 battements par minute
Rythme cardiaque : 310 à 470 battements par minute
Température corporelle : 37 °C à 38 °C (98,8 °F à 100,4 °F)
Production de selles : 2 à 2,5 g par jour
Production d'urine : 5,1 à 8,4 ml par jour
Consommation quotidienne de nourriture : 10 à 15 g
Consommation quotidienne d'eau : 10 à 20 ml

## CHAPITRE IV

# Le hamster : un excellent animal de compagnie

Le hamster est un petit rongeur nocturne, solitaire et territorial. Il marque son territoire à l'aide de ses deux petites glandes situées sur ses flancs. Expert dans l'art de s'échapper, il ne reviendra pas de lui-même à sa cage, comme le ferait le rat ou la gerbille. Méticuleux et méthodique, il respecte la propreté de sa cage. Muni d'un grand sens de l'organisation, vous ne pourrez pas lui imposer vos idées facilement quant à l'aménagement de ses quartiers. Il affectionne son maître qu'il reconnaît facilement à son odeur et vers qui il va sans crainte. Cet animal petit format, tranquille, discret et tout à fait adorable est peu cher à l'achat, et ses coûts d'entretien sont minimes. Il est parfait autant pour les enfants que pour les adultes.

## Le hamster et la vie quotidienne

### Mon hamster nocturne

Le hamster s'éveille au crépuscule, prend son petit-déjeuner au lit, en choisissant quelques bonnes choses directement dans sa réserve de nourriture. Il pointe ensuite son nez à l'extérieur de sa cachette, il s'étire et baille. Le voilà prêt à commencer sa nuit. Tout d'abord, il explore sa cage afin de s'assurer que rien n'a été déplacé. Il vérifie son bol de nourriture à la recherche de nouvelles denrées à enfouir dans ses bajoues. Si elles sont à son goût, il ira certainement les mettre dans son nid en guise de réserve. Vers 22 heures, il est le plus actif et roule frénétiquement dans sa roue d'exercice. Il imite ce qu'il ferait dans la nature : parcourir de grandes distances pour trouver de la nourriture. On estime qu'un hamster peut parcourir jusqu'à 8 km en moyenne par nuit. Pas étonnant que le bruit de la roue dérange les gens qui essaient de dormir ! Vers 4 heures, il diminue son activité et s'endort finalement avec le lever du soleil. Bien qu'il soit nocturne, il lui arrive de se réveiller le jour et d'être actif quelques minutes.

## Le sommeil du hamster

Le hamster recherche un endroit sombre et si possible fermé pour se reposer. Il aime que son corps soit en contact avec les parois du nid. Il appréciera une petite boîte en carton ou tout autre contenant. Il prend presque toujours la même position pour s'endormir : il s'enroule sur lui-même tout en restant debout, son nez contre sa queue. Il dort très profondément et le bruit le dérange peu. Il est parfois difficile de le réveiller. Si vous ne procédez pas délicatement, il se réveille en sursautant, animé d'une agressivité passagère.

## À l'école

Monsieur le hamster ne va pas à l'école pour apprendre des choses, mais plutôt pour enseigner aux enfants le respect des animaux, la discipline et l'engagement. Un bon professeur profitera de la présence de l'animal pour responsabiliser les élèves, qui devront à tour de rôle s'occuper correctement de ce nouvel élève. Bien entendu, le hamster appartiendra au professeur. Il ne serait pas très responsable de l'imposer aux parents d'un élève à la fin de l'année ou de le confier à un refuge d'animaux déjà débordé.

## Mon hamster fugueur

C'est bien connu, le hamster aime énormément explorer. Il arrive parfois qu'il s'échappe de sa cage. Cette escapade peut tourner rapidement à la catastrophe si le hamster s'aventure trop loin ou s'il rencontre le matou de la maison. Il est impératif d'offrir à ce rongeur explorateur une cage sécuritaire et à l'épreuve des évasions.

## Mon hamster s'est enfui !

Pas de panique, il est encore possible de le retrouver. Mais pour cela, il faut procéder méthodiquement. Soyez prudent en déplaçant les meubles, car il est facile de blesser ou même de tuer un si petit animal. Comme il peut être n'importe où, voici quelques conseils pour repérer le fugitif.

- Fermez les portes de toutes les pièces de la maison, afin qu'il ne puisse pas se promener de l'une à l'autre. Bloquez toutes les ouvertures. Un hamster se faufile facilement dans de très petits trous.
- Dans chaque pièce, placez un bol d'eau et de nourriture. Vous saurez où il s'est réfugié quand il manquera de la nourriture ou si vous notez la présence de selles près d'un bol de victuailles.
- Vous savez maintenant dans quelle pièce se trouve le hamster. Installez-y un récipient creux contenant sa nourriture préférée, avec une échelle placée sur le rebord extérieur pour en faciliter l'accès. Gourmand et probablement affamé, le hamster s'y jettera la tête la première. Comme les parois du contenant sont lisses et hautes, il ne pourra plus en ressortir. Vous n'aurez plus qu'à l'attraper.
- Si le hamster ne se laisse pas berner par ce piège, utilisez cette méthode un peu plus compliquée :

- Identifiez la pièce habitée par le hamster (tel que décrit ci-dessus).
- Divisez l'espace en deux à l'aide d'une barrière étanche. Placez de l'eau et de la nourriture des deux côtés.
- Quand vous aurez déterminé de quel côté se trouve le hamster, divisez de nouveau cet espace en deux en plaçant eau et nourriture

aux deux endroits et procédez ainsi de suite en rapetissant graduellement l'espace. Vous finirez par l'attraper.

## Mon hamster a élu domicile dans le garde-manger

Vos efforts pour attirer le hamster en cavale restent vains ? Peut-être a-t-il trouvé une source de nourriture plus intéressante ailleurs ! Inspectez minutieusement les placards où vous rangez vos aliments. Le hamster trahit sa présence : sacs de biscuits déchirés, boîtes de céréales rongées et minuscules selles éparpillées sur les étagères. Pour capturer un hamster vivant dans une telle abondance, il suffit de retirer toute la nourriture facilement accessible ou de placer les aliments dans des contenants hermétiques à l'épreuve de ses dents coupantes. Installez ensuite un récipient creux rempli de nourriture (tel que décrit précédemment). Il risque fort de tomber dans le piège.

### Le piège à ressort

Il est tout à fait cruel et inutile de placer un piège à ressort pour attraper un hamster fugueur. Avec un peu de patience et en utilisant les méthodes décrites précédemment, vous finirez toujours par le retrouver.

## Mon hamster à l'extérieur

Il est toujours agréable de prendre une bouffée d'air pur ! N'hésitez pas à vous balader avec votre hamster. Votre poche de chemise ou votre manche sera un refuge rassurant pour lui si la lumière vive lui fatigue les yeux ou si quelque chose l'effraie. Ne le laissez pas marcher sur le gazon, car vous pourriez le perdre dans le trou d'un mulot. De plus, si l'endroit est visité par des rongeurs sauvages, ils l'ont probablement souillé avec leur urine. Votre hamster pourrait alors être contaminé par leurs déjections.

## Le comportement du hamster

### Le hamster agressif

L'agressivité pure est rare chez le hamster. Normalement, il est gentil et doux avec les humains. Sa nature profonde est assurément pacifique. Cela ne veut pas dire qu'il ne peut pas mordre. Avant de conclure que votre animal a un problème de comportement, analysez bien la situation qui l'a conduit à être agressif.

- Vous réveillez votre hamster sans délicatesse pendant son sommeil profond. Il se tourne automatiquement sur le dos, la bouche ouverte, prêt à attaquer. Ses yeux sont encore fermés, et il est à moitié endormi. Si vous insistez, il pourrait bien vous mordre. Il ne se rend pas compte de ce qui se passe, il croit être surpris par un ennemi. Respectez le sommeil de votre animal. Si vous devez quand même le réveiller, allez-y graduellement et avec une extrême douceur pour ne pas le surprendre et le faire sursauter.
- Un hamster peut mordre s'il est manipulé rudement.
- Une mère hamster peut essayer de mordre pour protéger ses petits et son nid. Le tout rentrera dans l'ordre quand les rejetons seront sevrés. En attendant ce moment, réduisez le plus possible le nombre de vos interventions dans la cage. Ne manipulez les petits que lorsqu'elle ne vous voit pas. Grâce à votre discrétion, elle se tiendra moins sur ses gardes.
- Un hamster qui souffre (en cas de fractures ou de blessures graves) peut mordre quand on le manipule. Consultez rapidement votre vétérinaire et utilisez une serviette de tissu éponge pour le prendre. Ce sera plus confortable pour lui et vos mains seront protégées.
- Ne vous acharnez pas à attraper un hamster non apprivoisé qui est effrayé et qui panique. S'il se sent coincé, il pourrait vous mordre. Parlez-lui doucement pour le rassurer. Prenez le temps de l'apprivoiser. Votre délicatesse le fera craquer à coup sûr.

- Vous venez de manger un morceau de fromage et vos doigts sont imprégnés de l'odeur. Vous prenez votre hamster, et il vous mord le doigt. Vous êtes surpris par sa réaction, pourtant l'explication est simple. Excité par l'odeur, il a cru que le bout de votre doigt était un morceau de fromage. Il n'a vraiment pas voulu vous blesser. Signifiez-lui qu'il vous a fait mal en émettant un petit cri aigu.

### Votre hamster vous a mordu

Les petites dents tranchantes du hamster infligent parfois des morsures profondes et douloureuses. Il est très peu probable que la blessure vous rende malade. Cependant, toute plaie faite par les dents d'un animal – quel qu'il soit – peut s'infecter. En cas de doute, consultez votre médecin.

L'infection qui s'installe dans une plaie provoque un ou plusieurs des symptômes suivants :

- douleur ;
- chaleur ;
- rougeur ;
- enflure ;
- élancement ;
- écoulement séreux jaunâtre ou épais (blanc ou verdâtre).

## Le langage corporel du hamster

Il est possible de comprendre votre hamster en observant ses comportements. Il possède tout un langage corporel et vocalise aussi à l'occasion. Voici quelques exemples et leur explication.

- Il se jette sur le dos, ouvre grand sa bouche en se donnant un air menaçant… il a été surpris dans son sommeil et tente d'attaquer l'ennemi imaginaire.
- Il sort de sa cachette en s'étirant de tout son long. Il baille la bouche grande ouverte, laissant bien voir ses longues incisives… il s'est

bien reposé et il est heureux. Il se sent d'attaque pour commencer sa soirée.

- Il fait longuement sa toilette… il se sent en confiance et à l'aise.
- Il se tient le dos rond, il a la démarche raide et saccadée… il souffre de douleur abdominale.
- Il renifle les organes génitaux et les glandes de flanc d'un autre hamster… il veut savoir si l'individu devant lui est de sexe opposé et s'il est réceptif sexuellement.
- Il passe dans des endroits étroits… il tente de marquer son territoire avec la sécrétion de ses glandes de flanc.
- Il est froid et raide. Il semble mort, mais quand vous le regardez de plus près, vous décelez une respiration très ralentie… il est probablement en hibernation. Réchauffez-le graduellement et veillez à ne plus recréer les conditions propices au déclenchement de l'hibernation.
- Il pousse des cris stridents… il est effrayé, fâché, en détresse ou souffre beaucoup. Il peut également vocaliser lorsqu'il se bat avec un autre hamster.
- Il gruge frénétiquement les barreaux de sa cage… il tente probablement de s'échapper.
- Il bourre nerveusement ses poches de nourriture… il est excité par la nourriture qu'il a découverte ou souffre d'insécurité.

- Il grimpe aux barreaux de sa cage et se laisse choir sur le sol… c'est une façon pour lui de faire de l'exercice. Le hamster est un hyperactif.

## Adopter un hamster

Adopter un animal suppose de faire un choix judicieux afin qu'il convienne au style de vie et à la personnalité du maître et des autres membres de la famille. Il faut aussi être en mesure de lui offrir les soins requis. Ainsi, il serait bien malvenu de garder un grand danois dans un petit appartement situé au dixième étage d'un immeuble du centre-ville!

Vous serez surpris de constater à quel point il est facile de garder un hamster. Pour ceux qui désirent un animal amusant, sensible, docile et facile à apprivoiser, le hamster est un choix tout indiqué. Il apprécie le contact humain sans toutefois en être totalement dépendant. Lorsque vous passez près de sa cage, il vient vers vous pour vous saluer. Il s'entend bien avec les enfants et il reconnaît facilement son maître avec qui il se sent en confiance. Parfaitement à l'aise avec les jeunes, il apprécie tout autant le fait de vivre avec des adultes. Le hamster a la faculté de s'adapter facilement à toutes les situations. Il est tout aussi heureux en ville qu'à la campagne. Vous pourrez même l'emmener faire du camping avec vous.

### Choisir son hamster

On peut affirmer sans se tromper que le hamster est un excellent animal de compagnie pour les enfants. Facile à manipuler et d'un tempérament calme, il n'en demeure pas moins fragile. Une manipulation adéquate est impérative. Adopter un animal et en confier la responsabilité aux enfants est un moyen unique de leur enseigner le respect des êtres vivants, mais supervisez quand même les plus jeunes. Même si le hamster est petit, il requiert une attention et des soins quotidiens.

Mâle ou femelle, le hamster est un excellent compagnon. Certains prétendent que les mâles sont plus dociles que les femelles. Cela dépend grandement de la personnalité de chacun. Choisissez idéalement un petit âgé de 6 à 10 semaines. Il sera plus facile à apprivoiser, car il est en pleine période de socialisation. De plus, comme le hamster vit peu longtemps, vous profiterez au maximum de votre animal.

## Critères pour bien choisir un hamster

Pour acheter un animal en bonne santé physique et mentale, il est préférable de le faire en soirée, période où il est actif. Vous pourrez mieux l'évaluer.

### Observation à distance

Un hamster en santé est alerte et éveillé. Son nez et ses vibrisses bougent constamment, sauf lorsqu'il est au repos. Il est tout à fait normal que le hamster dorme le jour. Visitez donc l'animalerie en début de soirée, période où il est actif. Vous remarquerez que la plupart des animaleries gardent leurs hamsters juvéniles ensemble. Cette situation est acceptable jusqu'à ce que leur maturité sexuelle (voir chapitre VIII) soit atteinte. Dès lors, ils devront être séparés. Si un seul animal du groupe se comporte anormalement ou a l'air malade, vous feriez mieux de ne pas acheter votre hamster à cet endroit. Assurez-vous que la cage est bien propre. Inspectez l'apparence des selles. Normalement, elles sont petites et bien formées. De la diarrhée indique toujours un problème très sérieux, voire mortel.

### Évaluation du caractère

Le hamster est un animal amical et enjoué. Votre présence doit éveiller sa curiosité. Lorsque vous lui parlez, son attention doit se porter vers vous. Mettez votre main dans la cage. Il se peut qu'il se recule un instant, mais un individu sociable finit toujours par venir vous renifler les doigts. Sa curiosité l'emporte sur sa timidité. Quand vous le prenez, il doit se calmer rapidement et ne pas tenter de s'enfuir ou de mordre. Il commence plutôt à explorer votre main et votre bras. Acheter un hamster terrorisé et paniqué qui refuse systématiquement tout contact physique avec vous n'est pas nécessairement une bonne idée. Il n'a pas été socialisé adéquatement et il sera plus difficile à apprivoiser. Vous mettrez plus de temps et d'énergie à le conquérir. Cependant, avec de la patience et de la douceur, un hamster peureux peut apprendre à vous faire confiance.

### Examen de la condition physique

Un hamster en bonne santé a un pelage impeccable, une fourrure lustrée et bien fournie. Il est très propre et prend bien soin de lui. Un hamster malade ou très vieux consacre moins de temps à son hygiène corporelle et ses poils ont tendance à être gras et en broussaille. Des poils secs, cassants et hérissés sur le corps sont également le signe d'un problème. Aucune gale ne doit être présente. Ses grands yeux doivent être brillants et clairs. Aucune sécrétion ne doit souiller le poil qui les entoure. Un hamster aux yeux mi-clos ne va pas bien. Son nez doit être rose et sec. Un écoulement nasal est toujours anormal. Il n'est jamais correct d'entendre des bruits respiratoires. Placez le hamster contre votre oreille, il vous sera plus facile de déceler des bruits subtils (sifflements ou claquements). Le hamster dont les flancs se creusent à chaque respiration est atteint d'une pathologie pulmonaire. Les incisives doivent être bien droites et jaunes. Ne soyez pas surpris de voir les incisives inférieures trois fois plus longues que les supérieures, c'est normal. La région anale est nécessairement impeccable. Le hamster ne sent jamais mauvais. Si tel est le cas, il y a un problème.

### Détermination des sexes

Voir le chapitre VIII.

Vous êtes maintenant en mesure de bien choisir votre hamster. Mais pensez aussi à bien choisir son futur maître ! Si vous achetez un hamster pour votre enfant, assurez-vous qu'il est assez mature pour en prendre soin. Il doit comprendre que ce petit rongeur est un excellent compagnon de jeu, mais qu'il n'est pas un jouet. Il est important que son mode de vie nocturne soit respecté. Jouer toute la journée avec un hamster pourrait le stresser énormément et le rendre malade.

## Où se procurer un hamster ?

### Dans une animalerie

Rien de plus facile que de trouver de jeunes hamsters dans une animalerie. Plusieurs couleurs sont offertes, à vous de choisir. Souvenez-vous cependant que si les mâles et les femelles de plus de cinq semaines sont gardés ensemble, il est possible que ces dernières soient gestantes.

### Chez un éleveur

Les éleveurs de hamsters ne sont pas nombreux, compte tenu qu'il est facile de faire reproduire cet animal. Cependant, si vous désirez un hamster un peu spécial (sans poils ou d'une couleur rare), vous devez contacter un éleveur de hamster de fantaisie. Malheureusement, ces éleveurs spécialisés ne sont pas toujours faciles à trouver. Contactez un club d'amateurs de hamsters pour connaître leurs coordonnées ou cherchez sur Internet.

### Dans un refuge d'animaux

Il arrive parfois que des hamsters soient abandonnés dans les refuges. En en adoptant un, vous faites une bonne action. Le seul inconvénient : il est parfois difficile de connaître son âge avec certitude.

### Chez un ami

Si le hamster de votre ami a eu des rejetons, vous aurez probablement envie d'en adopter un. Souvenez-vous que s'ils semblent être heureux tous ensemble, vous devrez obligatoirement faire vivre votre nouveau protégé en solitaire. Rien ne vous empêche d'en adopter deux, mais ils devront avoir chacun leur cage. Il n'est pas du tout raisonnable de les faire se reproduire : la consanguinité affaiblit la génétique des animaux.

## Le trajet vers la nouvelle maison

De l'animalerie à votre maison, votre hamster voyagera probablement dans une boîte en carton. Si le trajet est long, il pourrait bien avoir le temps de ronger le carton et tenter de s'évader. Ne laissez donc jamais la boîte sans surveillance. Pour plus de sécurité, pensez à apporter une petite cage grillagée ou un transporteur quand vous irez le chercher. Si vous ne disposez pas de ces accessoires, déposez un peu de nourriture dans la boîte cartonnée. Ce divertissement alimentaire l'occupera sans doute et il pensera moins à la ronger.

## L'arrivée dans sa nouvelle maison

### La première journée

Le hamster que vous rapportez à la maison est probablement stressé. Il quitte une vie de groupe sécurisante et ne sait pas ce qui l'attend. Voici quelques conseils afin de bien accueillir votre nouvel ami :

- Installez-le dans une cage déjà aménagée et évitez de trop le manipuler. Laissez-lui le temps de s'habituer à son nouvel environnement, aux bruits et aux odeurs de la maison. Il est normal qu'il ait tendance à se cacher.
- Parlez-lui souvent d'une voix douce.
- Ne laissez pas les autres animaux de la maison rôder autour de sa cage.

Hamster crème aux yeux noirs

Hamster jaune

Hamster jaune

Hamster jaune

Hamster jaune

Dès que votre hamster prend de l'assurance et se sent plus à l'aise, il commence à explorer sa nouvelle cage et remplit ses bajoues de nourriture pour se constituer une réserve dans son nid. Quand tout est à son goût, il commence à se toiletter. Éventuellement, il réaménage la cage à son goût. Tout sera alors bien organisé : un coin repas, un coin toilette et un nid douillet.

### Le lendemain et les jours suivants

Voilà votre hamster un peu plus confiant. Il peut se montrer timide à votre égard, mais il s'attachera rapidement à vous. S'il se sauve encore quand vous approchez de la cage, attirez-le à l'aide d'un morceau de nourriture appétissant. Il acceptera éventuellement de se faire prendre. Au début, sortez-le quelques minutes seulement puis de plus en plus longtemps.

Permettez à votre hamster plusieurs sorties tous les soirs. Vous n'avez pas à jouer avec lui constamment. L'exploration et l'exercice font partie de ses activités favorites. Laissez-le libre sur votre lit, dans une aire de jeu spécialement aménagée ou sur votre bureau de travail lorsque vous étudiez. Surveillez-le toujours de près, car il est expert dans l'art de se sauver !

Vous ne pouvez pas apprendre à votre hamster à être propre à l'extérieur de sa cage. Il laissera donc sur son passage de petites selles sèches faciles à ramasser, et parfois de l'urine. Remettez-le souvent dans sa cage pendant quelques minutes. S'il a envie, il en profitera peut-être pour se soulager. Inutile de vous vexer si vos efforts ne sont pas récompensés.

La plupart des hamsters aiment ronger et peuvent faire des dégâts. Évitez tout simplement de le mettre à des endroits où il pourrait détruire certains objets. Inutile de le gronder, il ne comprendrait pas. Il existe des boules de plastique dans lesquelles on installe le hamster pour qu'il puisse se balader en toute sécurité dans la maison, sans risque de se blesser ou de s'évader. Elles sont parfaites seulement pour les sorties de courte durée (environ 15 à 20 minutes), car le taux d'oxygène descend rapidement à l'intérieur malgré les trous de ventilation.

## Les zoonoses (maladies transmises aux humains par les animaux)

Il est très peu probable que votre hamster vous rende malade en vous transmettant des maladies. Les hamsters de compagnie sont élevés dans des conditions sanitaires adéquates et à l'abri des infections graves. Si toutefois vous aviez des doutes à propos de votre condition de santé, n'hésitez pas à consulter votre médecin et à faire examiner votre hamster par votre vétérinaire. À ce stade, il est important de déterminer si vos malaises sont réellement causés par votre animal. Parmi les zoonoses possibles notons : la chorioméningite lymphocytaire et certains parasites intestinaux (voir chapitre IX).

## Les allergies

Votre peau devient toute rouge après que vous avez manipulé votre hamster ? Votre nez picote et vous éternuez énormément ? Il se peut que vous soyez allergique. La seule et unique façon de le savoir avec exactitude, c'est de passer un test dermique chez un allergologue. Une personne allergique au chat ne l'est pas nécessairement au hamster. Et si vous êtes allergique à la souris et au hamster, vous ne l'êtes peut-être pas au chien. Certains auteurs estiment que de 10 % à 30 % des gens qui possèdent ou travaillent avec les animaux sont incommodés par des allergies. N'hésitez pas à passer le test dermique si vous croyez être allergique.

### Symptômes de l'allergie

- démangeaisons cutanées ;
- rougeurs de la peau ;
- picotements et écoulements nasal et oculaire ;
- éternuements ;
- asthme.

Si, malgré vos allergies, vous décidez quand même d'adopter un hamster, suivez ces quelques conseils. Ils vous faciliteront la vie.

- Laissez une autre personne s'occuper de l'hygiène de la cage.
- Portez des vêtements couvrant vos bras lorsque vous prenez votre hamster. Vous éviterez les irritations cutanées provoquées par les petites griffes. Tenez-le éloigné de votre visage. Lavez-vous soigneusement les mains après l'avoir manipulé.
- Installez la cage de votre hamster ailleurs que dans votre chambre.

Il est cependant possible que, malgré vos précautions, vos symptômes empirent avec le temps. Une maladie pulmonaire grave appelée alvéolite allergique accable certaines personnes allergiques et les obligent à renoncer à tout contact avec la source d'allergènes.

## Le hamster et ses fréquentations

Le hamster est un solitaire endurci et il assume très bien cette situation. Le meilleur compagnon du petit rongeur est assurément l'humain. Il apprécie sa compagnie et apprend même à reconnaître son maître auquel il témoigne de l'affection et une confiance toute particulière. Cependant, le petit rongeur anachorète peut rencontrer un jour les autres animaux de la maison. Soyez toujours prudent au moment de ces rencontres. Elles pourraient avoir des conséquences désastreuses.

### Le chien

Pour le chien, le hamster représente une proie intéressante. Il aurait tôt fait de le blesser ou de le tuer s'il avait la chance de l'attraper. Il vaut mieux ne pas les mettre en présence. Mais il y a toujours une exception à la règle. Il est possible qu'un chien soit doux avec le hamster de la maison. C'est une question de personnalité et d'éducation. En ce qui concerne le hamster, il peut être tout à fait indifférent face au chien qui le renifle ou le mordre férocement s'il a peur. Il est donc plus prudent de ne pas les mettre en contact.

### Kiki le caniche et Tamteur

J'amenais Tamteur à la maison toutes les fins de semaine. Je ne voulais pas qu'il se retrouve seul pendant ces deux jours de congé. La première fois que Tamteur entra dans la maison, il piqua la curiosité de mon chien Kiki. Le caniche blanc me suivait fébrilement afin de faire la connaissance de ce nouvel ami dont il avait senti la présence. Après avoir expliqué à Kiki qu'il ne pouvait pas jouer avec le hamster, j'ai déposé la cage sur la table de chevet près de mon lit. Quelque temps plus tard, je fus horrifiée de voir Kiki installé sur le sofa du salon, les poils des pattes avant souillés par du sang frais. J'étais certaine qu'il avait réussi à atteindre Tamteur et qu'il l'avait tué. En arrivant en trombe dans ma chambre, convaincue de découvrir une scène d'horreur, je vis Tamteur paisiblement installé dans son bol de nourriture en train de grignoter une amande. Je ne comprenais plus rien... En examinant attentivement Kiki, j'ai compris ce qui s'était passé. Sur le bout de sa langue, il y avait une entaille qui saignait encore. Comme Kiki avait l'habitude de se lécher les pattes, il s'était couvert de sang lui-même. En voulant faire connaissance avec Tamteur, il avait certainement essayé de passer sa langue au travers des barreaux de la cage. Il n'en fallait pas plus pour que le hamster se fâche et la transperce avec ses longues incisives tranchantes. À partir de ce moment, Kiki voua un grand respect à la petite créature. Il ne s'approcha plus jamais de la cage.

## Le chat

C'est bien connu, le chat est l'ennemi incontestable des petits rongeurs. Combien d'histoires relatent les talents extraordinaires du félin pour chasser la vermine des maisons. L'instinct du chat le poussera inexorablement à surveiller la cage de votre hamster. Il attendra patiemment l'occasion de croquer enfin la proie convoitée. De plus, il pourra blesser le hamster à travers les barreaux avec ses griffes pointues et acérées. Soyez vigilant! Vous serez certainement surpris d'apprendre qu'il existe des chats de maison à l'instinct chasseur dénaturé qui ne feraient aucun mal à un hamster. Quand on place un tel chat près du petit rongeur, il l'ignore tout simplement ou le traite en ami. Cette complicité n'est pas naturelle, vous l'aurez deviné. Qui sait si son instinct ne refera pas surface un jour ? Ne prenez aucun risque. De plus, il est possible qu'un hamster belliqueux inflige de douloureuses morsures à votre chat.

### Le reptile

Évitez de mettre un hamster et un reptile ensemble. Le serpent ainsi que certaines espèces de lézards carnivores se délecteraient volontiers de votre hamster. Pour leur part, les tortues n'ont aucun point en commun avec ce rongeur.

### Le cochon d'Inde

Aucune complicité n'existe entre ces deux animaux.

### Le lapin

Le hamster n'intéresse pas le lapin et vice versa.

### Le furet

Aucune amitié n'est possible entre ces deux individus. L'instinct de chasseur du furet est fort et il aurait tôt fait de croquer le hamster. Ne pensez même pas à les présenter l'un à l'autre.

### Le rat

Ne permettez aucun contact étroit entre ces deux animaux. De violentes batailles pourraient en résulter. Les deux combattants s'infligeraient de sérieuses blessures qui pourraient entraîner la mort.

## Les autres petits rongeurs

Souris, gerbille, dégu (dègue du Chili) et chinchilla ne sont vraiment pas attirés par le hamster, et vice versa. Les rencontres pourraient se solder par des morsures ou un décès.

### Une mort suspecte élucidée

Lors de ma quatrième année à l'école primaire, Gilbert Gagnon, mon professeur, avait acheté quelques souris blanches afin d'illustrer concrètement certaines notions de zoologie quand, soudainement, l'une d'entre elles mourut. Ce grand mystère n'a jamais été résolu. Je dois aujourd'hui faire un aveu : je savais ce qui s'était passé… Je passais l'heure du repas du midi dans la classe de ma mère (qui était enseignante) à m'amuser avec mon hamster doré. Voulant tout naïvement le présenter aux souris, je me rendis discrètement dans la classe de Gilbert et je mis le hamster dans leur cage. Aussitôt, il a saisi une souris qui est morte instantanément. Malgré ma rapidité à les séparer, le mal était fait. Voilà Gilbert, le fameux mystère élucidé quelque 25 ans plus tard…

## Les oiseaux

Il est peut-être agréable pour le hamster de dormir au son du chant d'un canari ou d'un pinson. Dans le cas d'un perroquet, la situation est différente. La quantité de décibels qu'il génère le dérange énormément. La rencontre de ces animaux serait aussi catastrophique. Ils pourraient s'infliger des blessures. Pensez à installer la cage de votre hamster dans un endroit calme le jour afin qu'il puisse bien se reposer.

## Le hamster

Ne pensez pas rendre votre hamster heureux en le faisant cohabiter avec un ou plusieurs autres congénères. Il est définitivement solitaire et n'accepte la présence d'un hamster de sexe opposé que lorsque le moment de se reproduire est venu. Cette rencontre est brève et tout au plus polie.

### Plusieurs hamsters dans la même cage à l'animalerie

En visitant des animaleries, vous serez certainement étonné de voir plusieurs hamsters vivre ensemble. L'explication est simple. Il s'agit fort probablement d'une mère et de ses petits. S'ils n'ont pas atteint leur maturité sexuelle, il est tout à fait normal que tous s'entendent bien. Comme les petits seront vendus rapidement, il n'est pas nécessaire de s'inquiéter. Cependant, cette image de grande harmonie incite parfois l'acheteur à se procurer plusieurs individus pour les faire vivre en groupe. Ne succombez pas. Il n'est pas naturel pour le hamster de vivre en compagnie d'autres hamsters. Aussitôt la maturité sexuelle atteinte, les disputes et la discorde sont à prévoir. Vous devrez alors obligatoirement séparer les individus.

### Deux individus de la même portée qui cohabitent

De façon très exceptionnelle, deux individus issus d'une même portée s'entendront bien, même lorsque leur maturité sexuelle sera atteinte. Ne vous laissez cependant pas berner par ce curieux phénomène. Tôt ou tard, une bataille éclatera. De plus, le stress (même s'il n'est pas apparent) engendré par la cohabitation est néfaste à la santé des individus impliqués. Leur système immunitaire s'affaiblit et les risques d'infections augmentent.

CHAPITRE V

# Environnement et conditions de captivité

## Environnement

Le hamster est un expert dans l'art de s'échapper. Sécurisez correctement sa cage. Il est très actif et curieux. Il adore explorer et, s'il s'échappe, il aura tôt fait de faire le tour de la maison. Il ne sera pas facile ensuite de le retrouver. Le petit fugueur astucieux se faufile dans des endroits tous plus inusités les uns que les autres. Généralement, il choisit un emplacement sombre et fermé pour aménager sa nouvelle demeure. Soyez ingénieux dans vos recherches !

S'il est sécuritaire de laisser votre hamster se balader sur vous, il en est tout autrement dans la maison. Un hamster non surveillé se sauve à coup sûr. Il est toujours surprenant de voir ses courtes pattes marcher si rapidement. Il n'a pas l'instinct de revenir systématiquement dans sa cage et ce sera un vrai casse-tête d'essayer de le retrouver. Sans compter qu'il risque fort de mourir de faim ou de soif, à moins qu'il n'ait élu domicile dans votre garde-manger ! Toute balade à l'extérieur de la cage doit donc se faire sous votre étroite supervision et dans un endroit sûr.

## Histoires de fugues

Un de mes clients a dû défaire une partie du mur de la salle de séjour afin de récupérer son hamster qui s'y était logé. Il s'était introduit par un petit trou qu'il avait agrandi avec ses dents tranchantes. Le fugitif était confortablement endormi dans un amas de fibres qu'il avait arrachées de la moquette. Avant de s'échapper de sa cage, il avait aussi pris soin de bien remplir ses bajoues de victuailles qu'il avait placées dans son nouveau nid. Voilà pourquoi il n'était pas attiré par la nourriture déposée comme appât à l'entrée de son nouveau refuge.

J'ai moi aussi vécu le désarroi de retrouver la cage de Tamteur déserte. J'ai fouillé partout pour le retrouver, mais en vain. Cette nuit-là, je me suis endormie le cœur très gros. Le lendemain, en me préparant pour aller à l'école, j'ai découvert Tamteur profondément endormi dans le tiroir de ma commode. Il avait troué mon chandail de laine préféré et, avec les fibres, s'était constitué un nid douillet. J'étais très heureuse de le revoir, mais bien peinée qu'il ait troué mon vêtement.

Quant à Sam, il eut la surprise de retrouver son hamster dans le boyau de l'aspirateur. Quelques jours plus tard, son petit rongeur tenta d'élire domicile sous la machine à laver. La chatte, Salamana, le guida dans ses recherches. Depuis, il s'assure deux fois plutôt qu'une que la porte de la cage est bien refermée.

## Des sorties sécuritaires

Assurez-vous que l'espace réservé aux balades est sécuritaire. Le hamster est petit et il est facile de marcher sur lui par distraction. Ne le laissez jamais se promener seul dans la maison, cela pourrait lui coûter la vie. Il est préférable de lui permettre de se dégourdir les pattes sur une table, sur un lit ou sur un bureau. Vous pourrez ainsi le surveiller aisément et il ne risquera pas de se retrouver dans une situation périlleuse ou de s'échapper.

Si vous désirez malgré tout agrandir son territoire, observez les conseils de sécurité suivants :

- Évitez les endroits où courent des fils électriques. Il pourrait bien avoir envie de les ronger. Vous pouvez les surélever, les faire passer sous le tapis ou bien les cacher en les insérant dans un tuyau en plastique (utilisé en plomberie) : faites une incision le long du boyau et placez les fils à l'intérieur. Calfeutrez les extrémités, car votre hamster aura tôt fait d'explorer cet intéressant tunnel.
- Placez les plantes d'intérieur hors de la portée de votre hamster. Plusieurs d'entre elles sont toxiques. Le tableau suivant en énumère quelques-unes. Si le nom de votre plante n'y figure pas, ne prenez pas de risque, évitez que votre hamster la grignote.

***Plantes d'intérieur toxiques***

| **Nom scientifique** | **Nom commun** |
|---|---|
| *Amaryllis spp* | Amaryllis |
| *Caladium spp* | Caladium |
| *Cyclamen spp* | Cyclamen |
| *Dieffenbachia spp* | Dieffenbachia |
| *Euphorbia pulcherrima* | Poinsettia |
| *Hydrangea spp* | Hortensia |
| *Nerium oleander* | Laurier rose |
| *Philodendron spp* | Philodendron |
| *Rhododendron spp* | Rhododendron |
| *Solanum pseudocapsicum* | Cerisier de Jérusalem |

- Le mécanisme du canapé-lit peut devenir un piège mortel pour votre hamster si tout se referme sur lui.
- Une chaise à bascule peut infliger des blessures sérieuses au petit animal qui se glisse en dessous.
- Ne permettez pas à votre hamster d'entrer à l'intérieur du divan. Il pourrait se blesser sur les ressorts ou rester coincé.
- Installez de petites planches de bois bloquant l'accès à l'arrière des meubles, de la cuisinière ou du réfrigérateur.

- Gardez hors de sa portée tout produit chimique ou médicament. Pensez aussi à rincer soigneusement les planchers pour éliminer toute trace de produit nettoyant.
- Un sac de plastique est un piège mortel pour le hamster qui y reste coincé. Le décès survient par suffocation.

## Emplacement de la cage

L'activité du hamster débute au crépuscule et se déroule durant la nuit. Il est donc important que sa cage soit placée dans un endroit tranquille et sombre pendant la journée. Une chambre à coucher est un bon choix, à la condition que ce soit uniquement son lieu de repos. Le soir venu, transférez la cage dans la salle de séjour ou le salon. De cette façon, vous ne serez pas incommodé dans votre sommeil par le bruit de sa roue d'exercice, et le hamster profitera de votre présence pendant ses premières heures d'activité. De fréquents contacts avec les humains facilitent l'apprivoisement. Évitez de placer la cage à proximité des portes en raison des courants d'air et des changements brusques de température. Vous pouvez placer la cage directement par terre ou sur un petit meuble, à votre convenance. Observez quand même le comportement de votre animal. Certains hamsters se sentent moins en sécurité quand la cage est posée sur le sol. Ils sont plus nerveux.

### Ce qui dérange le hamster

Il faut éviter de placer la cage en plein soleil; les rayons irritent ses yeux, nuisent à son sommeil et font grimper la température à des niveaux inconfortables, parfois même mortels. En tant qu'espèce crépusculaire et nocturne, il se sent plus à l'aise si la lumière est tamisée.

## Une température agréable

Le hamster n'est pas à l'aise lorsque la température est instable, trop chaude ou trop froide. Il apprécie une ambiance tempérée comprise entre 17 °C et 26 °C (62 °F à 79 °F) – 18 °C à 22 °C (64 °F à 71 °F) étant idéal. Un taux d'humidité entre 40 % et 70 % est convenable. Dites-vous que si la température est agréable pour vous, elle l'est aussi pour votre animal.

### Quand l'atmosphère devient étouffante

Les canicules de l'été sont incommodantes pour le hamster. Si votre maison n'est pas climatisée, installez la cage dans la pièce la plus fraîche de la maison (le sous-sol). Par temps très chaud, une bouteille d'eau froide déposée dans la cage lui procurera une source de fraîcheur. Placez de petits cubes de glace dans son bol d'eau, elle restera fraîche plus longtemps.

Voici quelques conseils pour rendre la vie plus facile à votre hamster lorsqu'il fait très chaud.

- Permettez-lui de se balader dans la salle de bain. Le contact de ses pattes avec les carreaux en céramique frais lui plaira.
- Installez quelques carreaux en céramique au fond de sa cage. Il se rafraîchira en se couchant dessus. Si vous remarquez qu'il les ronge, enlevez-les.

## Coup de chaleur

L'absence de glandes sudoripares et l'incapacité de haleter comme un chien pour se rafraîchir font du hamster un candidat plus susceptible aux coups de chaleur. À une température de plus de 30 °C (86 °F), il y a un risque de décès. Il ne faut surtout pas oublier de tenir compte du taux d'humidité qui rend les températures chaudes encore plus inconfortables.

### Symptômes d'un coup de chaleur :

- respiration rapide et superficielle ;
- respiration laborieuse, la bouche ouverte ;
- tremblements ;

- fréquence cardiaque très rapide ;
- animal couché sur le côté ;
- léthargie ;
- désorientation ;
- difficulté à se mouvoir ;
- gencives et langue couleur rouge vin ;
- salive épaisse ;
- vaisseaux sanguins de la queue et des oreilles dilatés et de couleur rouge vin ;
- convulsions ;
- perte de conscience, coma et mort.

**Une question de vie ou de mort**

Si votre hamster souffre d'un coup de chaleur, vous devez réagir rapidement et efficacement. Emmenez-le dans un endroit frais. Faites couler de l'eau fraîche (pas froide) sur ses pattes et enveloppez-le dans une serviette humide. Mouillez également ses oreilles. Ne le trempez pas directement dans de l'eau froide, car son organisme aurait de la difficulté à supporter le choc. Allez d'urgence chez votre vétérinaire. Si l'animal est conscient, offrez-lui de l'eau à boire pendant le trajet. Les boissons pour réhydrater les sportifs (Gatorade) ou pour les enfants qui ont la diarrhée (pédialyte ou gastrolyte, vendus en pharmacie) remplacent avantageusement l'eau à boire. Malgré une intervention prompte et intensive, les risques de décès sont grands. Si le hamster survit à l'épisode d'hyperthermie, il risque de décéder au cours des heures suivantes en raison des dommages causés aux cellules du cerveau et des reins.

En ce qui concerne les coups de chaleur, la prévention est votre meilleur atout.

## Quartiers extérieurs

Il n'est pas recommandé de placer la cage de votre hamster à l'extérieur. Il est beaucoup plus intéressant pour lui de sortir sur votre épaule.

Prendre l'air de cette façon lui fait le plus grand bien. Gardez-vous cependant de l'exposer au plein soleil.

### Un terrain de jeu sécuritaire

Il est parfois difficile de superviser un hamster à qui l'on permet de sortir de sa cage. L'option du terrain de jeu devient alors intéressante. À cet effet, on peut utiliser une baignoire en prenant soin de bien couvrir le renvoi. Installez une serviette éponge au fond et disposez différents jouets, cachettes, tunnels et boîtes. La grande surface de la baignoire permet au hamster de se dégourdir les pattes à loisir. Surveillez-le quand même. Il vaut mieux qu'il ne se faufile pas sous la serviette, car le revêtement en émail est froid et inconfortable.

Il est aussi possible de construire une aire de jeu. Laissez aller votre imagination : des tunnels, des échelles, des cordages des petites boîtes et lui plairont certainement.

### Remarque

- Vous pouvez aménager une grande maison de poupée à plusieurs étages afin d'amuser votre hamster. Des échelles relient les différents paliers. Vous passerez des heures à le regarder se promener d'une pièce à l'autre et découvrir les gâteries qui y sont cachées.

### Mon hamster enfin libre !

« Je ne peux plus garder mon hamster. Je vais le laisser partir dans la nature. Il y sera certainement plus heureux. » Une telle affirmation est fausse. Abandonner son hamster dans la nature, c'est en quelque sorte signer son arrêt de mort. Le hamster a perdu son instinct de survie dans la nature. Il ne sait pas comment trouver sa nourriture et il ne sait pas reconnaître les dangers. Il aurait vite fait de mourir de faim ou sous les dents d'un chat. Si, toutefois, une femelle gestante réussissait à survivre dans un climat assez clément, sa nombreuse descendance pourrait éventuellement causer des problèmes.

## Conditions de captivité

Le hamster apprécie une grande cage bien organisée. Un environnement attrayant est excellent pour son développement moteur et mental. N'hésitez pas à agrémenter sa cage de petites douceurs. Il vous montrera sa gratitude en étant actif et enjoué.

### La cage

On aurait tendance à croire, vu la taille du hamster, qu'il peut vivre dans une petite cage. Détrompez-vous. Cette créature est très active et a besoin de beaucoup d'espace pour rester en forme. Dans la nature, il peut parcourir plusieurs kilomètres en une seule nuit. Curieux et explorateur, il adorera une cage à paliers multiples. Il est fascinant de le voir évoluer dans un tel milieu. Il grimpe, fouine et s'amuse. Les dimensions minimum recommandées pour la cage sont 45 cm de longueur sur 30 cm de largeur sur 30 cm de hauteur (1½ pi x 1 pi x 1 pi). N'hésitez pas à en choisir une plus grande. Une bonne cage doit aussi être à l'épreuve des escapades. Il existe plusieurs options.

#### Aquarium de verre

Ce type de cage n'est pas parfait, car la ventilation y est réduite. Les odeurs d'ammoniac dégagées par l'urine deviennent rapidement irritantes pour le système respiratoire. Si vous décidez tout de même d'utiliser un aquarium, nettoyez-le fréquemment et ne laissez pas d'urine s'y accumuler. Rappelez-vous que la ventilation est meilleure dans un grand aquarium. Un couvert grillagé permet un meilleur échange d'air et évite les escapades. Fixez-le bien, car ce petit animal a assez de force pour soulever des objets assez lourds. Ne placez jamais l'aquarium en plein soleil. La température grimperait rapidement, jusqu'à atteindre un seuil potentiellement mortel.

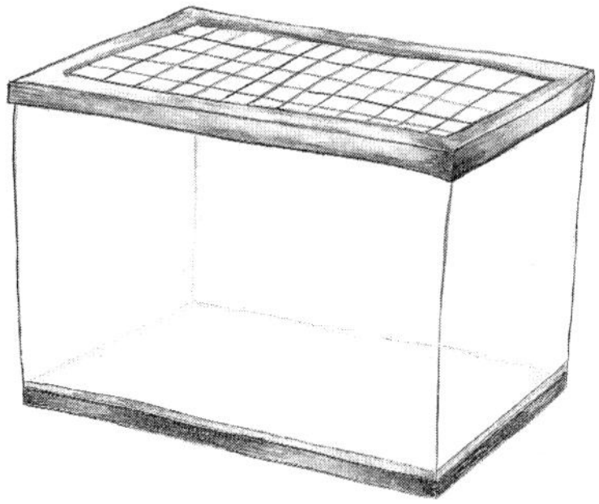

**Aquarium avec couvercle grillagé**

### Cage de laboratoire en plastique

Cette cage n'est pas conçue pour le hamster de compagnie. Elle est trop petite et austère.

### Cage en plastique composée de plusieurs unités reliées par des tunnels

Bien que les tunnels imitent le milieu naturel du hamster, ces cages aux couleurs attrayantes ne sont pas à conseiller, car il ne fait vraiment pas bon y vivre. Seuls des petits trous dans les parois permettent un échange d'air, ce qui est insuffisant pour assurer une ventilation adéquate. Le hamster étant très actif dans sa cage, il est déconseillé de le faire vivre dans un environnement où les échanges d'oxygène sont limités. L'humidité s'y accumule facilement et l'odeur d'ammoniac dégagée par l'urine dérange rapidement l'occupant des lieux. Le stockage de la nourriture devient un problème dans un milieu humide, car, dans ses conditions, les aliments se dégradent rapidement. Si vous désirez quand même utiliser ce type de cage, nettoyez-la souvent et ouvrez fréquemment le panneau qui sert de porte pour faire entrer l'air frais.

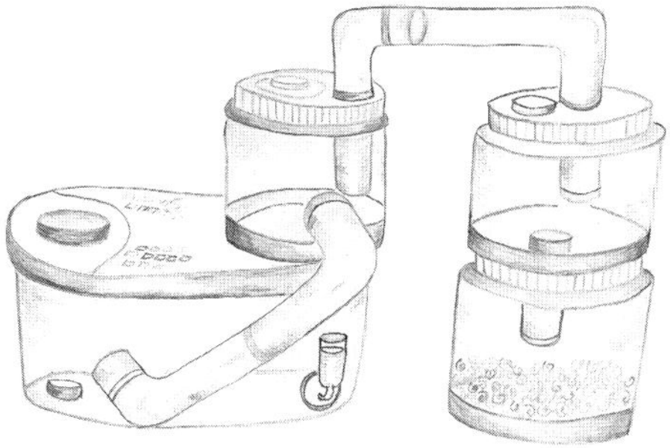

**Cage en plastique**

### Cage avec base en plastique et dessus grillagé

Il est question ici de la cage conventionnelle vendue dans les animaleries. Elle existe dans plusieurs grandeurs et il y en a même à deux étages. C'est un excellent choix. Elle est facile à nettoyer pas trop encombrante. Le hamster aime grimper aux barreaux et faire des acrobaties.

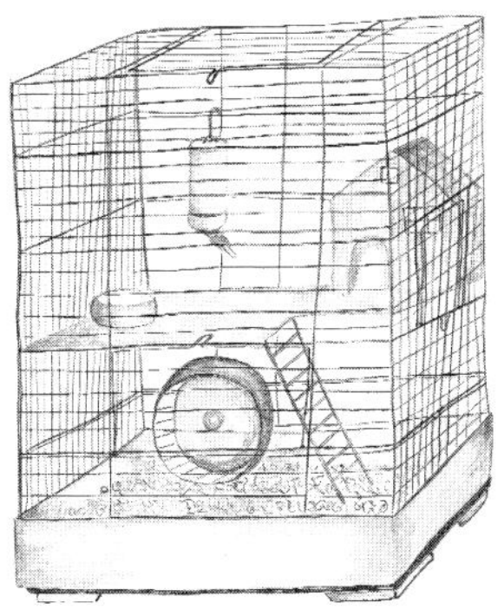

**Cage avec base en plastique**

### Cage achetée dans une brocante ou une vente-débarras

Il est quelque peu risqué d'acheter une telle cage. Vous ne savez pas si le dernier occupant des lieux était malade et contagieux pour d'autres hamsters. Comme certains virus, bactéries ou parasites sont parfois très persistants dans l'environnement, votre nouvelle acquisition pourrait rendre votre hamster malade. De plus, une cage d'occasion risque d'avoir été repeinte avec des peintures contenant des résidus de métaux lourds. Votre hamster s'intoxiquerait facilement en la rongeant. On peut toutefois repeindre une cage d'occasion en utilisant une peinture non toxique comme celle utilisée pour les lits d'enfants. Informez-vous auprès de votre quincaillier.

### Cage artisanale

Si vous avez l'âme d'un bricoleur, vous pouvez construire vous-même la maison de votre hamster. Une simple charpente de bois entourée d'un grillage vous semble peut-être tout à fait adéquate. Détrompez-vous! Votre hamster aura tôt fait de grignoter le tout avec ses petites dents et, en plus, le bois étant poreux, il emprisonne facilement les odeurs. Certains grillages en alliage de métal (zinc, plomb, cuivre) sont toxiques lorsque l'animal les mâchouille. Si vous persistez quand même à vouloir bricoler la cage de votre hamster, utilisez des matériaux sécuritaires.

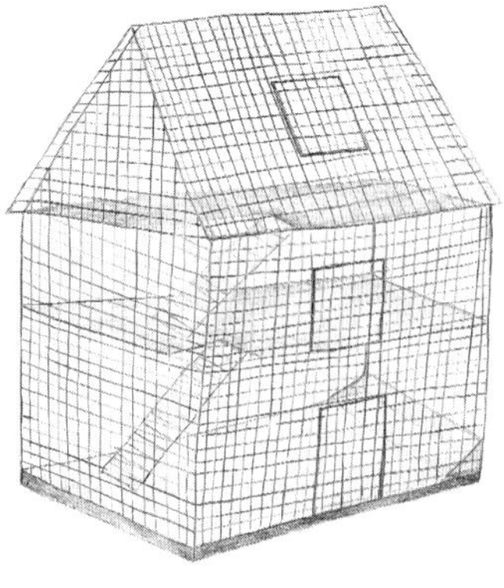

Cage artisanale

### Cage à oiseaux

On peut transformer une cage d'oiseaux en maison à hamster. Cette cage faite en hauteur permet d'installer des paliers, des échelles, des tunnels et des cordages, accessoires généralement très appréciés par le hamster. Mais le tiroir qui se trouve au fond de la plupart de ces cages représente un défaut majeur. Le hamster peut l'ouvrir facilement et s'échapper. Idéalement, choisissez un modèle sans tiroir sinon fixez-le solidement pour empêcher son ouverture.

**Cage à oiseaux**

## Le fond de cage

Vous trouverez dans le commerce une multitude de produits destinés à être étendus au fond de la cage de votre hamster. Il n'existe cependant aucun produit miracle qui élimine totalement les odeurs et qui diminue la fréquence des nettoyages. Le hamster fait ses besoins toujours au même endroit, ce qui facilite grandement le nettoyage de sa cage. De plus, on peut l'habituer facilement à utiliser une litière.

### Les copeaux de bois, une solution intéressante

C'est le choix par excellence, à condition d'éviter ceux en bois de cèdre. Cette essence contient de l'acide plicatique qui irrite le système respiratoire et la peau. Cette substance est aussi associée à l'apparition de pathologies du foie. Les copeaux de bois blanc inodore constituent la meilleure option. Utilisez un produit dépoussiéré.

**D'autres produits sont offerts, mais sont imparfaits**

- Paille ou foin : ces matériaux sont très confortables. Il faut les changer souvent, car ils sont peu absorbants et sentent mauvais rapidement. On devrait les mélanger avec des copeaux de bois.
- Papier journal : tous les papiers sont adéquats pour tapisser le fond de la cage. Déposé tel quel, le papier journal est peu absorbant et salissant pour le hamster ! Déchiqueté en petites lanières, son pouvoir absorbant est meilleur, mais il ne contrôle pas du tout les odeurs.
- Litière pour chat : n'utilisez jamais ce produit au fond de la cage de votre hamster.
- Maïs concassé ou rafles de maïs (*corn-cob*) : ce substrat n'est pas idéal. Il ressemble à de la nourriture et votre animal pourrait en ingérer. Une fois dans l'estomac, les petites boulettes gonflent et bloquent facilement l'intestin. De plus, marcher sur ces boulettes dures est inconfortable. On peut déposer un grillage par-dessus, mais en réglant un problème, on en crée un autre : le hamster se blesse facilement les pattes sur un fond grillagé.
- Papier recyclé compressé : ce type de litière est dépourvu de poussière et bien absorbant. Cependant marcher constamment sur ces petits cylindres est très inconfortable.

### Le nettoyage de la cage

Lavez la cage à l'eau chaude et savonneuse au besoin (1 à 3 fois par semaine). Le savon à vaisselle est adéquat. Pour une désinfection plus en profondeur (cage habitée par un hamster malade ou en convalescence), diluez une partie d'eau de Javel dans 30 parties d'eau. Rincez soigneusement, car les résidus des produits nettoyants sont toxiques.

## Les accessoires

- Bols de nourriture et d'eau (voir le chapitre VI).
- Couchette : le hamster apprécie un environnement propre et un lit douillet. Que ce soit une simple boîte en carton, un panier en osier, une maisonnette ou tout autre accessoire vendu en animalerie, il aimera certainement y dormir. Le hamster aime se cacher pour dormir. Veillez à ce que la porte d'entrée soit assez grande pour que le hamster aux bajoues remplies de victuailles puisse y passer sans problème. Le nid est son endroit privilégié pour accumuler des réserves.

Ajoutez-y un morceau de tissu pour le rendre plus confortable. Voici quelques exemples d'accessoires appréciés :

- mouchoirs en papier : vous pouvez lui offrir la boîte pleine. Il s'amusera à déchiqueter les mouchoirs et à se coucher dans cet endroit douillet. Quelle belle place pour se reposer ! ;
- essuie-tout ;
- débarbouillette en ratine ;
- chaussette en laine.

Les hamsters aiment également somnoler à l'intérieur d'une pantoufle, d'un bonnet de laine, d'un chapeau ou d'une casquette. D'autres se façonnent un nid douillet dans un tas de foin ou s'installent dans une épaisse couche de copeaux de bois. Chacun ses goûts !

## Remarque

- La ouate et autres types de matériaux de même nature utilisés dans le nid peuvent occasionner des problèmes. Ces fibres souples peuvent s'enrouler autour des doigts, des pieds ou des pattes et provoquer une mauvaise circulation sanguine dans le membre. Faute de les ôter rapidement, le hamster pourrait perdre un doigt ou plus. D'autre part, leur ingestion peut provoquer un blocage intestinal fatal. De la ouate peut rester emprisonnée dans les bajoues. Il est alors très difficile de l'extraire. Il est donc déconseillé d'utiliser des matériaux constitués de très petites fibres souples.

Il se vend dans les animaleries des hamacs et des tentes en tissu moelleux que l'on suspend au grillage de la cage. Les hamsters s'y glissent volontiers. Vous pouvez même vous amuser à les fabriquer.

- Pour le hamac : choisissez un morceau de tissu carré ou rectangulaire dont les fils ne se tirent pas facilement (fibres polaires, finette). Faites une bordure à la machine à coudre. Taillez une petite ouverture à chaque coin et glissez-y un crochet de rideau de douche. Suspendez le hamac au toit de la cage.

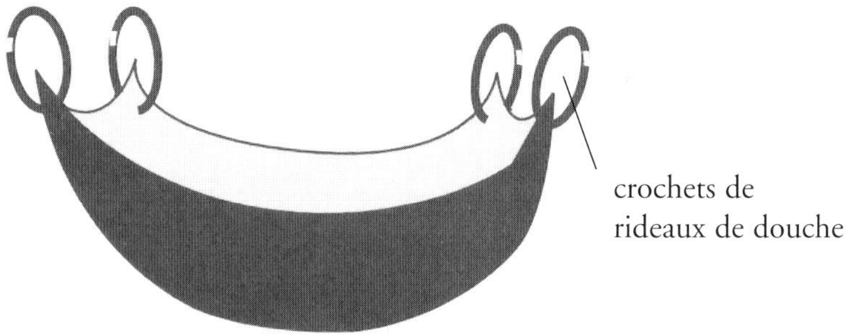


**Hamac**

- Pour la tente : taillez un rectangle dans du tissu identique à celui du hamac. Faites une bordure à la machine à coudre. Superposez le coin A au coin C et le coin B au coin D. Faites une couture pour fixer le tout. La tente est alors formée. Taillez deux ouvertures pour placer les crochets de rideau de douche. Il ne reste plus qu'à suspendre la tente dans la cage.

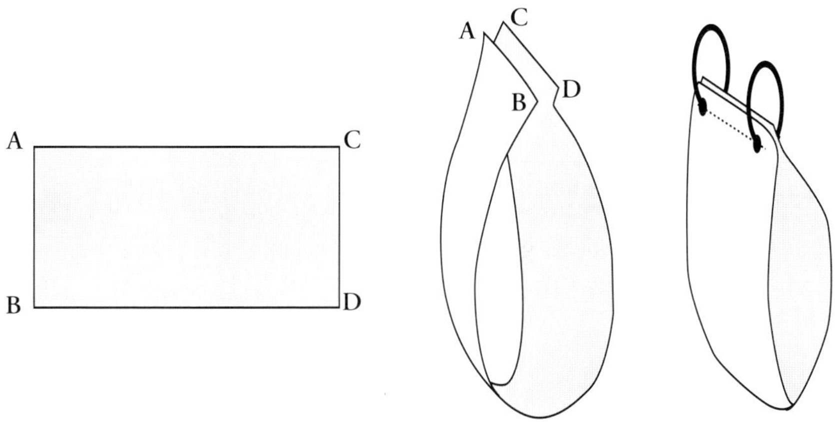


**Tente**

## Conseils

- Au besoin, nettoyez les accessoires en tissu, car les odeurs ont tendance à s'y incruster. Utilisez un savon doux. Les produits trop parfumés laissent un résidu irritant pour la peau et le système respiratoire de certains hamsters.

- Le bac à litière : il est facile d'habituer un hamster à faire ses besoins dans une litière. Vous trouverez en animalerie des petits bacs en plastique triangulaires conçus pour s'imbriquer facilement dans un coin de la cage. Installez-le à l'endroit choisi par le hamster pour faire ses besoins. Il y retournera d'instinct. Comme fond, on peut utiliser de la litière à chat non parfumée ou des copeaux de bois, mais jamais de la litière agglomérante. Si le hamster en mange, il pourrait souffrir d'un blocage intestinal qui lui serait fatal. Évitez absolument ce produit.

## Les jouets

Le hamster a besoin de beaucoup d'exercice. Il est très énergique et s'il ne se dégourdit pas assez, il risque l'ankylose. Les jouets les plus importants sont donc ceux qui favorisent son activité physique. Chaque hamster a cependant ses préférences en ce qui concerne ses activités ludiques. À vous de découvrir lesquelles préfère le vôtre.

### Quelques idées de jouets ou d'activités

- Roue d'exercice pour rongeur. Courir dans cette roue est une des activités physiques favorites du hamster. Cela lui permet de rester en forme. Choisissez de préférence les modèles dont la surface de course est uniforme. Une surface grillagée est moins confortable pour les pieds de votre protégé. Il risque aussi de se blesser en se coinçant une patte. Afin de rendre la roue grillagée sécuritaire, entrelacez un carton souple (de la largeur de la roue) entre les barreaux de la surface de course. Vous devrez évidemment le changer souvent. L'hygiène de la roue est primordiale. On peut huiler une roue qui grince avec un produit non toxique : huile minérale, vaseline ou huile d'olive. Les roues en plastique font moins de bruit, mais le hamster les ronge plus facilement. Choisissez une roue dont le diamètre est suffisamment grand, afin que l'animal ne courbe pas trop le dos lorsqu'il court. Un hamster à poils longs peut se prendre facilement la fourrure dans le mécanisme de la roue d'exercice. Dans ce cas, coupez les poils encombrants.

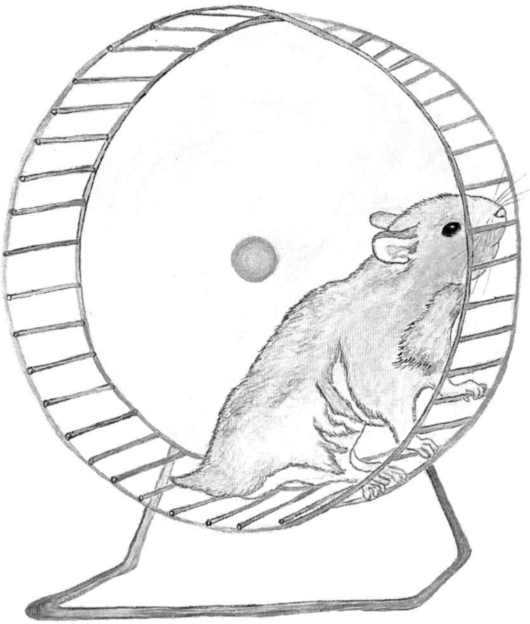

**Roue d'exercice**

Rappelez-vous qu'une roue ne suffit pas pour divertir un hamster. Il est recommandé d'enrichir l'environnement de votre animal avec des jouets variés et lui permettre des balades hors de sa cage.

- Boule d'exercice : vous trouverez dans les animaleries des boules en plastique transparent munies de trous d'aération. Elles servent à faire marcher le hamster de façon sécuritaire dans la maison. À l'intérieur de la boule, il ne risque pas de se blesser et peut courir partout. Mais, comme la circulation d'air n'y est pas parfaite, ne le laissez pas plus de 15 à 20 minutes chaque fois. Offrez-lui une autre activité entre chaque balade. Nettoyer minutieusement cet accessoire, car il devient rapidement souillé d'urine.

**Boule d'exercice**

- Échelles en bois ou en métal installées dans la cage ou sur un parc de jeux.
- Gros cordages suspendus formant une balançoire ou installés à l'horizontale pour y faire de l'escalade.
- Jouets d'oiseaux en bois et en cuir : accrochez-les au grillage de la cage. Il les grignotera et s'amusera à y grimper.
- Sac en papier : le hamster aime y entrer, s'y cacher et s'y endormir. Il finira certainement par s'amuser à le déchiqueter.
- Nid d'oiseau (vendu en animalerie) et panier en osier naturel feront une belle cachette. Ils peuvent aussi servir de repaire pour dormir. Éventuellement, la tentation de les ronger deviendra trop forte… et il faudra les remplacer !

- Noix de coco : coupez-la en deux et débarrassez-la de sa pulpe blanche. Désinfectez-la au four à 80 °C (175 °F) pendant 20 minutes. Le hamster aime la ronger. Conservez la pulpe et offrez-la-lui en gâterie. Si vous percez un trou sur la noix entière, elle fera une jolie maisonnette. Une moitié de noix (côté arrondi vers le sol) ressemble à un nid. Le hamster s'y reposera ou l'utilisera comme berceuse.
- Vieux magazines ou vieux livres : le hamster à l'esprit destructeur pourra se défouler à loisir avec tous ces papiers à déchiqueter.
- Petites boîtes en carton. Elles servent de cachettes et, empilées en forme de pyramide, elles sont amusantes à escalader. Percez-les de plusieurs ouvertures. Le hamster prendra un grand plaisir à les visiter toutes.
- Tube en chlorure de polyvinyle (CPV) : passer dans ce tunnel amuse beaucoup le hamster.
- Petites branches de pommier désinfectées au four (même méthode que pour la noix de coco) : ces petits objets sont bien intéressants à grignoter.
- Blocs de bois pour enfant : il les gruge ou s'assoit tout simplement dessus.
- Rouleaux de papier de toilette ou d'essuie-tout vides : ce sont d'amusants tunnels. Faites préalablement une entaille le long du rouleau afin d'éviter que le hamster ne reste coincé s'il y entre la tête.
- Boules de papier chiffonné : c'est intéressant à déchiqueter. Cachez-y une gâterie.
- Boîte pleine de mouchoirs en papier : le hamster les sort un par un et les déchiquette. Il finit souvent par se coucher dans le tas de papier ou tout simplement dans la boîte.
- Animaux en peluche : bien des hamsters trouvent rassurant de se blottir contre un tel jouet. D'autres les éventrent et se couchent dans la ouate. Ce jouet est à éviter si le hamster aime avaler cette matière ou en garnir ses bajoues.

- Gâterie cachée à l'intérieur d'un gant de laine, d'une chaussette ou d'une boule de papier chiffonnée. Votre hamster travaillera fort pour la récupérer.
- Balle de tennis trouée : percez deux ou trois trous dans une balle neuve. Voilà une cachette bien amusante. Assurez-vous que la grandeur de l'ouverture est sécuritaire.
- Noix de pacane, de Grenoble, marron ou noisette dans leur coquille : ces noix très dures sont d'intéressants jouets à ronger.

Il est important de laisser en tout temps des petits jouets dans la cage. Afin de prévenir les accidents et les situations fâcheuses, voici quelques conseils.

### À éviter

- Les jouets avec de petites ouvertures dans lesquelles le hamster pourrait se coincer la tête.
- Les jouets ayant appartenu à un animal malade.
- Les jouets potentiellement contaminés, par exemple, par la bactérie salmonelle (contenant en carton ayant servi à ranger les œufs) ou par des résidus de produits toxiques (bouteille en plastique vide ayant contenu du détergent ou tout autre produit dangereux).

CHAPITRE VI

# Alimentation

On pourrait qualifier le hamster de gourmand prévoyant. Il mange avec appétit et semble prendre un réel plaisir à s'alimenter. Il a aussi la manie de faire d'impressionnantes réserves de nourriture, en fait, tout ce qu'il ne peut pas manger, il le transporte dans son nid. Ces en-cas le sécurisent probablement. Ces provisions seront fort appréciées quand une fringale se manifestera! Le rongeur utilise ses grandes bajoues extensibles pour transporter toute cette nourriture. Aussi, évitez les aliments pointus qui pourraient les blesser (écailles de noix, spaghetti non cuits, etc.). Nourrissez votre animal le soir. Cet horaire convient mieux à son rythme de vie. Le hamster est omnivore, c'est-à-dire qu'il consomme aussi bien des végétaux que des protéines animales. Dans la nature, son régime est très varié: grains, fruits, verdures, insectes. L'estomac du hamster est fragile. Évitez les changements alimentaires brusques.

### La coprophagie, un comportement surprenant

Le hamster est coprophage, c'est-à-dire qu'il consomme une certaine quantité de ses propres selles. Il les récupère directement à leur sortie de l'anus. Ce comportement qui peut sembler rebutant est tout à fait naturel. Il permet à l'animal de récupérer des vitamines du complexe B et d'autres nutriments. Un individu incapable de pratiquer cette activité développe des carences.

### Le hamster obèse

Certains hamsters ont tendance à prendre du poids. Une mauvaise alimentation (uniquement composée de grains et de graines) et un manque d'exercice sont les deux principaux facteurs de l'obésité.

### Remarque

- Si votre hamster souffre d'obésité, demandez conseil à votre vétérinaire avant de le mettre au régime. Il faudra procéder graduellement, car une perte de poids trop rapide pourrait nuire à sa santé.

### Composer un menu équilibré

Les besoins alimentaires réels du hamster ne sont pas encore déterminés avec exactitude. Des études scientifiques sérieuses permettront peut-être un jour d'élaborer une moulée complète tout à fait équilibrée. En attendant, c'est à vous que revient la responsabilité d'élaborer le menu de votre animal. Le hamster ne consomme pas d'instinct ce qui est meilleur pour sa santé. Afin de le garder en santé et de lui permettre de vivre plus longtemps, voici quelques conseils.

- 80 % de l'alimentation quotidienne devraient se composer de moulée pour petits rongeurs.
- 10 % à 15 % de l'alimentation quotidienne devraient être constitués de mélanges de grains pour hamsters.
- Les fruits, les légumes, les produits céréaliers, laitiers et à base de protéines animales, offerts qu'à titre de gâterie, ne devraient pas représenter plus de 5 % à 10 % de la ration quotidienne. Certains hamsters ne tolèrent pas ces aliments. Dans ce cas, évitez-les.

## La moulée pour petits rongeurs

Il se vend dans le commerce, une moulée spécialement conçue pour les petits rongeurs (*rodent chow*). Elle est constituée de petits blocs carrés de couleur beige qui contiennent tous les éléments nutritifs nécessaires. Cette moulée devrait composer la majeure partie de l'alimentation de votre hamster, c'est-à-dire environ 80 %. Laissez-en en permanence dans la cage. Bien qu'elle semble peu attrayante, la majorité des hamsters en consomment sans problème s'ils en ont mangé quand ils étaient jeunes. Sinon, procédez graduellement. Soyez patient, votre hamster peut prendre beaucoup de temps avant de daigner y goûter. Des troubles gastro-intestinaux ou une perte de poids significative sont parfois le résultat d'un changement alimentaire brusque.

Choisissez une moulée dont la composition est la suivante :

- 16 % de protéines ;
- 4 % à 5 % de matières grasses.

### Remarques

- La moulée doit être fraîche et sentir bon. Attention à celles qui sont vendues en vrac, car elles sont parfois périmées. On estime que les éléments nutritifs contenus dans cet aliment sont stables pendant environ 168 jours dans des conditions d'entreposage excellentes, soit moins de 25 °C (77 °C) et 50 % d'humidité. La moulée se conserve donc parfaitement au réfrigérateur, dans un plat hermétique. L'air, la lumière et la chaleur sont les principaux agents responsables de sa dégradation. Si aucune date de péremption n'apparaît sur le sac, jetez-le après quatre mois, sauf si vous avez pris soin de le mettre au congélateur. Une moulée gelée se conserve beaucoup plus longtemps. Certaines vitamines sont plus instables que d'autres. C'est le cas des vitamines C et A, et de la thiamine. Il est bien de rajouter ces vitamines dans l'alimentation si la moulée est un peu vieille. Jetez une moulée moisie ; les moisissures produisent parfois des mycotoxines qui pourraient tuer le hamster.

- N'achetez pas plusieurs kilos de moulée à la fois. Votre hamster prendra trop de temps à la consommer et elle perdra sa valeur nutritive. En l'achetant en petite quantité dans un magasin réputé, vous serez certain de la fraîcheur du produit.

## Les mélanges de grains pour petits rongeurs

Ces mélanges contiennent différentes graines et souvent beaucoup trop de graines de tournesol particulièrement riches en gras. Une alimentation riche en matière grasse est néfaste pour la santé et prédispose à l'obésité. De plus, les graines ne contiennent pas suffisamment de calcium, ce qui cause des problèmes d'ostéoporose en cas de surconsommation. Bien qu'une petite portion du mélange soit composée de boulettes de moulée verte, le hamster leur préfère les graines. Ces mélanges ne devraient donc pas constituer la partie principale de l'alimentation. Utilisez-les plutôt comme gâterie : une petite pincée quotidiennement.

Hamster écaille de tortue

Hamster à poils longs, écaille de tortue

Hamster à poils longs, écaille de tortue

Hamster à poils longs, écaille de tortue

Hamster crème aux yeux noirs

### Remarques

- Une graine de qualité peut encore germer. En partant de ce principe, vous pouvez vérifier la fraîcheur d'un mélange de graines. Déposez une petite quantité du mélange sur un papier humecté avec de l'eau. Placez le tout dans le noir et à la chaleur pendant deux à trois jours. Assurez-vous que le papier ne sèche pas. Si le pourcentage de germination est faible, votre mélange de graines n'est probablement plus très frais. Il n'est pas toxique, mais sa valeur nutritive est moindre.
- Certains hamsters apprécient beaucoup les mélanges de graines pour oiseaux (perruches, pinsons, perruche calopsite ou perroquet).
- Une analyse peut garantir qu'un mélange de grains et de moulée est adéquat pour un petit rongeur, mais le hamster choisit ce qu'il préfère. Ce tri fait en sorte que votre animal ne consomme pas tous les éléments nutritifs cités.

## Les autres aliments

### Les fruits et les légumes

Certains hamsters raffolent des fruits et des légumes frais ou séchés. Soyez vigilant si vous en donnez pour la première fois, car, chez certains individus, ils peuvent provoquer des malaises gastro-intestinaux et de la diarrhée. Évitez les changements soudains d'alimentation et offrez les fruits et les légumes en petite quantité.

**Exemples**

| | | | |
|---|---|---|---|
| Ananas | Chou-fleur | Melon | Pomme |
| Asperge | Citrouille | Navet | Prune |
| Bleuet | Courgette | Orange | Radis |
| Brocoli | Épinard | Panais | Raisin |

| | | |
|---|---|---|
| Carotte | Fraise | Papaye |
| Céleri | Laitues de toutes sortes | Poivron jaune vert, rouge |
| Cerise | | |

### Conseils

- Enlevez toujours les noyaux et les pépins avant de servir les fruits.
- Comme ce type d'aliments se détériore rapidement, jetez tout ce qui n'a pas été consommé après quelques heures. N'oubliez pas d'inspecter sa cachette de nourriture. Dans cet endroit, les fruits et les légumes juteux ont vite fait de moisir.

### Les produits céréaliers

Ces aliments plaisent tout particulièrement au hamster.

Gruau
Céréale d'avoine (type Cheerios)
Rice Krispies, Corn Flakes
Riz
Riz soufflé
Pain (idéalement au blé ou multigrains)
Croissant
Muffin
Couscous

### Conseil

- Évitez toutes les pâtisseries sucrées ou au chocolat.

### Les produits laitiers

N'en abusez pas et tenez-vous-en aux fromages à pâte dure.

## Les protéines d'origine animale

Le hamster est un omnivore et peut donc digérer des protéines d'origine animale. Il n'est pas conseillé de lui offrir de la viande, mais il se régalera de larves de ténébrions meuniers (vers à farine) à l'occasion. Vous trouverez ces vers facilement en animalerie. Si le cœur vous en dit, vous pouvez en faire l'élevage.

### Un élevage peu commun

Les ténébrions sont de petits vers beiges et charnus. Ils mesurent environ 1,5 à 2,5 cm et possèdent 6 très petites pattes. Bien qu'ils se déplacent lentement, faites attention de ne pas les laisser s'échapper. Ils pourraient bien découvrir votre garde-manger et s'établir dans votre sac de farine!

*Accessoires nécessaires*

- bocal de verre avec un couvercle ou tout autre contenant qui se ferme adéquatement;
- mélange de farine, Pablum, gruau et levure alimentaire*;
- morceau de fruit ou de légume frais (source d'humidité pour les insectes. Remplacez le morceau dès qu'il est sec);
- larves de ténébrions (une cinquantaine sont suffisantes pour initier l'élevage).

---

* La levure alimentaire est vendue dans les magasins d'aliments naturels. C'est une composante nécessaire à la santé des insectes. Elle prévient les carences en protéines et en oligo-éléments.

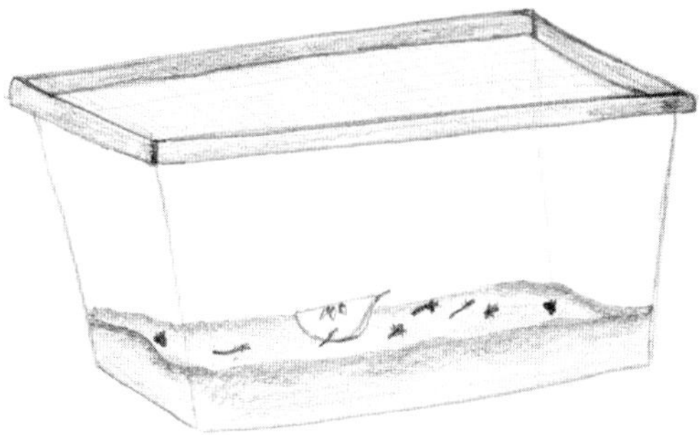

**Élevage de ténébrions meuniers**

Déposez au fond du contenant une épaisse couche du mélange préparé. Installez-y les vers et le morceau de fruit ou de légume. Fermez le contenant. N'oubliez pas de percer des trous (les vers ne doivent pas pouvoir passer) dans le couvercle pour permettre une bonne aération. Placez votre élevage dans un endroit sombre et tempéré. Après quelques semaines, vous verrez apparaître des nymphes puis des insectes noirs. C'est la phase adulte du ver. Ces insectes s'accouplent et pondent des œufs. Quand le cycle de vie de l'insecte sera bien établi, vous pourrez prélever des vers. Ne donnez jamais de nymphes ou d'adultes noirs à votre hamster.

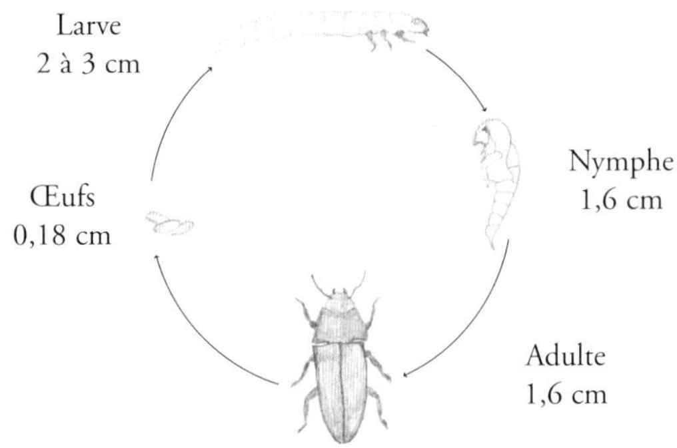


**Cycle de vie du ténébrion meunier (*Tenebrio molitor*)**

## Remarques

1. Tenez la larve avec une petite pince lorsque vous l'offrez à votre hamster. Vous éviterez de vous faire mordre les doigts. Excité par la gâterie, le hamster l'attrape rapidement et ne fait pas toujours la différence entre la main qui lui offre et la gâterie.
2. Il est préférable d'isoler les nymphes dans un autre contenant lorsqu'elles apparaissent, car il est possible que les larves s'en nourrissent. Remettez rapidement les adultes dans le contenant d'origine.
3. Les œufs ne sont pas visibles à l'œil nu. Ils prennent environ 12 jours pour éclore. La larve qui en émerge est minuscule. Elle muera plusieurs fois sur une période d'environ 10 mois avant d'atteindre sa grosseur maximum (environ 2,5 cm).

**Hamster mangeant un ténébrion**

4. Les larves de ténébrions font aussi le régal de certaines personnes. Tous les ans, l'Insectarium de Montréal organise l'événement « Croque-insectes ». Plus de 30 000 personnes y participent et dégustent des insectes apprêtés par des chefs de l'Institut de tourisme et d'hôtellerie du Québec. Le menu comprend des biscuits

aux larves de ténébrions, des grillons trempés dans le chocolat ou des chrysalides de ver à soie apprêtées de façon tout à fait surprenante. Les amateurs sont d'accord pour dire que tous ces insectes sont particulièrement délicieux. Plus de 100 000 larves de ténébrions sont ainsi consommées chaque année en plus des nombreux autres insectes. Si le tout vous a ouvert l'appétit, procurez-vous le livre *Des insectes à croquer, guide de découverte* (Insectarium de Montréal et Jean-Louis Thémistocle, Les Éditions de l'Homme, 1997).

### Divers

À l'occasion, vous pouvez offrir à votre hamster quelques croquettes de nourriture sèche pour chien ou chat, ou des biscuits pour chien.

## Le foin sec

Mettez à la disposition de votre hamster un peu de foin sec, le même que celui qu'on donne aux lapins. Il en grignotera à l'occasion. Le foin sec représente une excellente source de fibres naturelles et contribue à faciliter la digestion.

### Remarques

- Assurez-vous que le foin est bien sec. L'humidité favorise les moisissures et certaines d'entre elles produisent des toxines dangereuses. Jetez tout foin moisi.
- Si possible, procurez-vous un foin de culture biologique sans pesticides. Il est de bien meilleure qualité. Ce foin peut cependant héberger des œufs d'insectes. De petits papillons en émergent parfois. Ils ne sont pas dangereux pour votre hamster, mais ils peuvent vous causer bien des désagréments, car ils s'attaquent aux fibres naturelles comme la laine. S'ils trouvaient votre beau chandail en mohair, ils auraient vite fait de le trouer! Afin d'éviter ce pro-

blème, gardez le foin au congélateur. Le froid neutralise la croissance des œufs d'insectes. Décongelez la quantité requise au fur et à mesure.

## Exemples d'aliments à éviter

- Chocolat : il contient de la théobromine qui, même en petites doses, peut causer la mort de votre animal. Si votre hamster ingère accidentellement du chocolat, consultez rapidement votre vétérinaire. La situation est d'autant plus critique que l'anatomie du hamster ne lui permet pas de vomir pour évacuer les résidus toxiques. S'il ne peut recevoir de soins spécialisés rapidement, faites-lui avaler une petite quantité (½ à 1 ml) de charbon activé (vendu en pharmacie). Cette substance aide à limiter l'absorption de la théobromine par l'intestin. Consultez quand même rapidement votre vétérinaire.

Signes cliniques d'une intoxication : soif, diarrhée, incontinence urinaire, agitation, spasmes musculaires, convulsions, coma, mort.

### Remarque

Il se vend en animalerie des pastilles de simili chocolat (au caroube) destinées aux petits rongeurs. Certains hamsters les digèrent très bien, d'autres sont incommodés par les sucres qu'elles contiennent. Utilisez ce produit avec modération.

- Œuf cru : la bactérie *Salmonella sp* se trouve à l'occasion dans l'œuf cru. Elle provoque des dérangements gastro-intestinaux et de la diarrhée. La cuisson détruit la bactérie.
- Viande crue : certains parasites microscopiques sont parfois présents dans la viande crue. La cuisson les tue.

- Alcool : une petite gorgée de cognac ne fera pas guérir votre hamster plus rapidement. Évitez absolument toute boisson alcoolisée.
- Café ou thé : ils contiennent de la caféine, un excitant indésirable pour les animaux.
- Pépins de pomme, noyau de cerise, d'abricot, de prune, de raisin, de pêche, etc. Il y a, à l'intérieur de ces structures, un composé voisin du cyanure qui peut tuer l'animal s'il en consomme en quantité suffisante.
- Arachides ou noix salées.

## L'eau fraîche

Votre hamster doit avoir accès à de l'eau fraîche en tout temps. Un hamster adulte boit entre 10 et 15 ml chaque jour. Cette quantité varie selon le poids, la température ambiante, l'exercice pratiqué et la consommation d'aliments riches en eau (fruits et légumes). Il est absolument faux de prétendre qu'un hamster peut combler ses besoins en eau en consommant des fruits ou des légumes, et il est cruel de le priver de ce précieux liquide. Bien qu'elle lui permette de vivre quelque temps, l'eau présente dans les aliments ne peut sous aucun prétexte remplacer l'eau fraîche.

Selon sa personnalité, un hamster préférera boire à la bouteille ou dans un bol. À vous de déterminer sa préférence.

- Bouteille : la plupart des bouteilles distributrices d'eau vendues dans les animaleries sont bien adaptées aux besoins du hamster. Elles ont l'avantage de garder l'eau propre, à l'abri des excréments de l'animal. Vérifiez le bon fonctionnement du mécanisme de distribution. Passez votre doigt sur la bille à l'extrémité de la pipette pour vous assurer que le liquide s'écoule facilement. Certaines bouteilles comportent un défaut de fabrication et laissent échapper sans cesse des gouttes au fond de la cage. Remplacez rapidement la bouteille défectueuse, car un environnement humide est très malsain pour votre animal. Si vous décidez d'installer une bouteille d'eau dans la cage de votre hamster, assurez-vous qu'il en comprend bien le principe. Si vous voyez monter des bulles d'air dans la bouteille lorsque votre animal actionne le mécanisme, vous serez certain qu'il s'abreuve adéquatement. Si votre hamster n'a jamais bu à la bouteille, laissez un bol d'eau à sa disposition les premiers jours et observez-le.

- Bol : idéalement, le bol d'eau est pesant. Ainsi, le hamster turbulent le renversera moins facilement. La céramique est préférable au plastique. Elle est plus lourde et résiste mieux aux assauts des petites incisives coupantes du hamster. Il n'est pas facile de garder un bol d'eau propre. Si votre hamster le souille sans arrêt, achetez un modèle qui s'accroche au grillage de la cage. Ceux destinés aux oiseaux font très bien l'affaire. Un bol surélevé risque moins d'être souillé par des selles ou par toute autre chose. L'eau du bol doit être changée plusieurs fois par jour, dès qu'elle est souillée.

## Remarques

- Il arrive que des algues vertes se forment dans la bouteille d'eau près de la pipette. Elles peuvent être dangereuses pour la santé de votre hamster. Nettoyez régulièrement l'intérieur de la pipette à l'aide d'un coton-tige et stérilisez le tout au lave-vaisselle.
- L'eau du robinet est adéquate pour votre hamster, à moins qu'elle ne soit trop chlorée. Pour éliminer le chlore, laissez reposer l'eau quelques heures ou faites-la bouillir quelques minutes. L'eau embouteillée est aussi un bon choix.
- Il n'est pas nécessaire d'ajouter un supplément de vitamines et de minéraux à l'eau de votre hamster, à moins que votre vétérinaire ne le prescrive.

- Mettez la bouteille d'eau à une hauteur convenable, sinon votre hamster ne pourra pas l'atteindre. Placez-la de 5 à 7 cm (2 à 3 po env.) du plancher de la cage.

### Le bol de nourriture

Choisissez-le de même type que le bol d'eau pour les mêmes raisons. Le hamster vide souvent son plat de nourriture pour en transporter le contenu dans sa réserve de nourriture. Inspectez souvent cette réserve et éliminez tout aliment qui semble défraîchi. Le bol doit toujours contenir de la nourriture fraîche.

### Les blocs de minéraux

Ne donnez pas de bloc de minéraux à votre hamster, car une consommation excessive de minéraux n'est pas bonne pour les reins. Il est préférable de lui offrir autre chose à ronger.

CHAPITRE VII

# Soins et éducation

## Soins

Le hamster est un animal très propre et très fier de sa personne. Il prend soin de lui-même en se léchant soigneusement. Tout comme le chat, il se toilette souvent au cours d'une journée. Le rituel est toujours fascinant à observer.

Hamster faisant sa toilette

Le hamster commence par s'asseoir sur ses pattes arrière. Il humecte ses pattes avant en les léchant rapidement. Il lave tout d'abord le bout de son nez, ensuite il passe ses pattes sur sa face puis derrière ses oreilles en les rabattant vers l'avant. Quand il considère que cette partie est assez propre, il se retourne sur lui-même et lèche son dos puis, finalement, son ventre. De cette façon, le hamster se nettoie et répartit les huiles essentielles sur tout son corps. Le rituel du toilettage inclut aussi des séances de grattage avec les griffes de ses pattes arrière.

## Bain

Des bains fréquents assèchent inutilement la peau. De plus, sa petite taille le rend très sensible aux refroidissements. La plupart des hamsters n'aiment pas l'eau. Ne lavez votre hamster que s'il souille son pelage. Pour les cas moins graves, utilisez une serviette humectée d'eau tiède. Passez-la doucement sur les endroits sales. On peut utiliser localement un peu de savon, sans oublier de bien rincer sous un jet d'eau. Quand un nettoyage plus en profondeur est nécessaire, le hamster n'a plus le choix : il doit plonger !

### Étapes du bain

- Remplir un bac avec quelques centimètres d'eau tiède. Déposez-y le hamster en lui parlant doucement pour le réconforter. Quand il se sent en confiance, remplissez un contenant ou le creux de votre main avec de l'eau et versez-la sur le hamster. Une fois qu'il est bien mouillé, appliquez le savon et faites mousser en massant. Insistez aux endroits les plus sales. Rincez en versant encore de l'eau sur lui. Cette étape terminée, il ne reste plus qu'à procéder au rinçage final : sortez votre animal du bac d'eau et faites couler sur lui un filet d'eau tiède provenant du robinet. Un rinçage minutieux est important, car des résidus de savon laissés sur la peau peuvent causer des irritations et des démangeaisons.

- Variante : il arrive qu'un hamster accepte volontiers de prendre une douche. Utilisez alors pour le mouiller et le rincer une pomme de douche à un faible débit.

Une fois la douche ou le bain terminé, enveloppez l'animal dans une serviette et séchez-le bien, car il est sujet aux refroidissements. Vous pouvez utiliser un séchoir à cheveux à faible intensité. L'étape du séchage est importante pour éviter que votre animal ne souffre d'hypothermie.

## Remarques

- Le choix du shampoing est important : ceux à l'odeur prononcée peuvent irriter la peau. Évitez d'utiliser les shampoings pour bébé ou tout autre produit destiné aux humains, si doux soient-ils. Leur pH et leur composition ne conviennent pas aux animaux. Vous trouverez facilement des shampoings pour animaux beaucoup mieux adaptés.
- Les shampoings secs (en poudre) ne sont pas recommandés, car ils assèchent la peau. De plus, le hamster pourrait ingérer les résidus laissés sur son pelage, ce qui entraînerait des problèmes de santé.
- L'usage de parfums ou de produits parfumés est déconseillé. Ces substances chimiques sont irritantes pour la peau et le système respiratoire.
- Le hamster est frileux. Il aime que le shampoing soit tiède. Réchauffez la quantité nécessaire dans le creux de votre main ou faites tremper la bouteille quelques minutes dans l'eau chaude avant de l'utiliser.
- Ne diluez pas le shampoing en mettant de l'eau dans la bouteille. Les agents de conservation ainsi dilués n'arrivent plus à contrôler la croissance de micro-organismes et le produit se dégrade rapidement.

- Si possible, baignez votre hamster pendant la journée. Il sera peut-être un peu plus calme, car sa période d'activité naturelle se situe au crépuscule et la nuit. Soyez consciencieux à l'étape du séchage, car il n'est pas bon que votre animal s'endorme le pelage encore humide.

### Brossage

Le brossage a pour but de démêler le pelage, d'enlever les poils morts et de répartir uniformément les huiles naturelles. Chez le hamster, cette procédure n'est pas absolument nécessaire, mais certains adorent cette activité. Utilisez une brosse à dents très souple. Allez-y doucement, tous les hamsters n'apprécient pas les séances de brossage. Il est possible qu'il tente de se sauver ou de vous mordiller. Ne forcez jamais un animal récalcitrant. Soyez patient et augmentez graduellement la longueur des séances. Éventuellement, il se laissera faire et vous fera savoir qu'il apprécie la séance de toilettage en fermant les yeux à demi et en se rapprochant intentionnellement de la brosse.

### Remarque

- Nettoyez bien la brosse à l'eau tiède après chaque usage.

### Soins des griffes

Les griffes d'un hamster sont minuscules, et il n'aime pas se faire toucher les pieds. Voilà deux raisons qui rendent la coupe des griffes difficile. Rassurez-vous, la grande majorité des hamsters n'ont pas besoin de ce soin.

L'opération est délicate et les risques de blesser l'animal sont présents, surtout si le hamster est très remuant. Même si la griffe transparente laisse apparaître la veine, un faux mouvement suffit pour la couper. Il s'ensuit un saignement plus ou moins abondant et une douleur vive. Si la taille des griffes de votre hamster est réellement nécessaire, confiez la tâche à votre vétérinaire. Si vous désirez quand même procéder à la coupe, voici la marche à suivre et quelques conseils de sécurité.

**Matériel nécessaire**

- Un coupe-ongles ou une petite pince.
- Un produit coagulant: poudre hémostatique ou bâton de nitrate d'argent. La farine ou la fécule de maïs peuvent très bien dépanner.
- Une lime d'émeri.

Le hamster possède des griffes blanches: par transparence, le vaisseau sanguin est facile à visualiser. Pendant que quelqu'un tient le hamster, pressez sa patte entre votre pouce et votre index. Les doigts s'écartent bien, et chaque ongle est facile à visualiser. Ne coupez que la pointe, au-delà de la partie rosée. Il vous faudra être prudent, car taillée trop court, une griffe peut saigner abondamment.

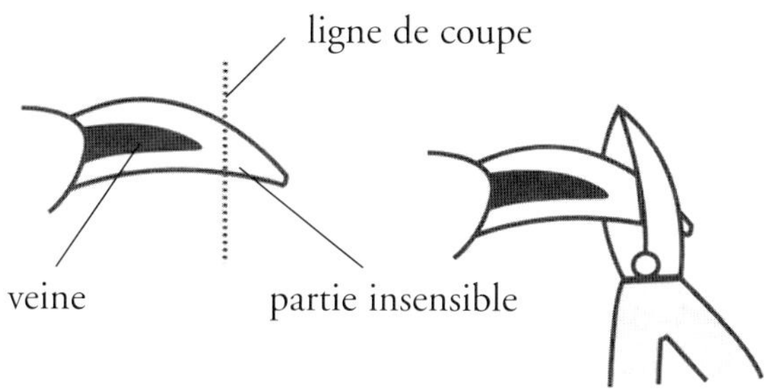


**Taille des griffes**

Si, par inadvertance, vous faites saigner une griffe, exercez une pression manuelle sur le doigt impliqué: cela ralentit le flot de sang. Épongez le surplus de sang avec un coton sec. Appliquez un produit coagulant directement sur le bout de la griffe. Il est parfois nécessaire d'en mettre plus d'une fois. Assurez-vous toutefois d'avoir bien épongé le sang entre chaque application. Quand le saignement est contrôlé, relâchez graduellement la pression exercée sur le doigt afin d'éviter un retour de sang brutal. Si vous n'avez pas de produits hémostatiques, utilisez de la farine ou de la fécule de maïs. Ne mouillez jamais une griffe qui saigne, cela aggrave l'hémorragie.

### Remarques

- Les griffes du hamster âgé ont tendance à pousser plus rapidement. Il faudra peut-être les tailler plus régulièrement.
- Une griffe fraîchement taillée est parfois un peu rugueuse. Quelques coups de lime d'émeri régleront le problème.
- Si vous ne vous sentez pas à l'aise de couper les griffes de votre animal, essayez tout simplement de les limer. Ça rendra leur extrémité plus douce, et vous ne risquez pas de le blesser.

### Hygiène des oreilles

Les oreilles du hamster produisent très peu de cire. Il est donc très rarement nécessaire de les nettoyer. À l'occasion, vous pouvez passer un coton-tige imbibé d'un produit nettoyant à l'intérieur du pavillon de l'oreille. Soyez délicat, car la peau de ce pavillon très mince et fragile se déchire facilement. Les produits nettoyants sont vendus en clinique vétérinaire et ont la particularité de dissoudre la cire. N'utilisez pas d'huile dans les oreilles de votre animal. Le liquide graisseux ne nettoie pas vraiment et laisse des résidus indésirables sur les poils autour des oreilles. Imaginez à quoi ressemblera votre hamster s'il étalait l'huile sur tout son corps en se toilettant! Il en avalerait aussi, ce qui nuirait à sa santé.

### Entretien des dents

Il n'est pas nécessaire de tailler les dents de votre hamster, à moins qu'elles ne s'usent plus naturellement. Dans ce cas, le vétérinaire taille les incisives généralement sans anesthésie. Cependant, si les dents trop longues ont causé des blessures sérieuses (palais ou lèvres transpercés), l'anesthésie est nécessaire. Anesthésier un si petit animal n'est pas dangereux, à condition d'utiliser le gaz Isoflurane. Exigez cette méthode pour votre hamster.

## Contention

Les jeunes hamsters et ceux qui ne sont pas apprivoisés peuvent facilement vous glisser des mains en essayant de s'enfuir. Soyez à l'affût de tous ses mouvements afin de ne pas le laisser tomber par terre. Une mauvaise chute pourrait être fatale ou avoir de graves conséquences: fracture, commotion cérébrale et hémorragie interne. Une règle de base pour toutes les contentions: ne tenez jamais un hamster fermement. Si vous le serrez trop, il s'agite, panique et finit par mordre. Vous pouvez même l'étouffer. Rappelez-vous aussi que son odorat est très sensible. Si votre hamster refuse d'être pris, peut-être avez-vous sur les mains l'odeur d'un animal inconnu. Très effrayé, il pourrait même vous mordre.

### La contention de base

Manipulez toujours votre hamster avec douceur. Il doit se sentir en confiance avec vous. La majorité des individus montent sans problème dans la main. Le hamster peut rester là à se faire caresser ou grimper sur votre bras. En tenant votre main près de votre corps, vous offrez à votre hamster un endroit sécuritaire. Dans le creux de vos deux mains, il se sentira aussi très à son aise.

### La contention d'un hamster agressif

Bien que l'agressivité soit exceptionnelle chez le hamster de compagnie, il arrive que certains mordent. Le plus souvent, ils le font par crainte, et ce comportement disparaît dès qu'ils se sentent en confiance. Toutefois, des individus naturellement agressifs ne modifieront jamais leur comportement.

Le but de cette contention est de vous protéger, de ne pas blesser l'animal et de maintenir son niveau de stress le plus bas possible. Essayez tout d'abord de le prendre avec une serviette éponge épaisse. Bien enveloppé, il sera plus calme. Évitez de trop le serrer, cela pourrait l'empêcher de respirer. L'usage de gros gants épais est déconseillé. Le hamster en a peur, car ils ressemblent à un prédateur voulant l'empoigner. De plus, votre dextérité est réduite et votre contrôle de l'animal est moins bon. Un récipient (boîte de conserve) peut être utile pour attraper un hamster non coopératif. Invitez-le à entrer et vous le transporterez à loisir. Dans les cas extrêmes, il est possible de tenir le hamster par la peau du cou entre le pouce et l'index. Dans cette position, il ne peut pas vous mordre. Il sera en revanche très agité et il se peut qu'il urine et défèque sur vous. La peau du hamster étant étonnamment lâche dans la région des épaules et du cou, prenez soin d'en prendre le maximum entre vos doigts, sinon il pourra se retourner sur lui-même et vous mordre.

**La contention d'un hamster nerveux et timide**

Allez-y simplement avec douceur. Un hamster nerveux peut mordre par panique s'il se sent pris ou trop serré dans vos mains. Soyez patient avec lui. Pour le prendre dans la cage, utilisez une tasse ou une boîte de conserve. Placez l'accessoire dans la cage. Le hamster finira par y pénétrer. À ce moment, attrapez le piège dans vos mains et attendez que le hamster en sorte. Comme il n'aura pas été pourchassé et contraint de sortir de sa cage, il vous fera plus confiance et acceptera plus facilement de venir explorer le creux de votre main.

## Gériatrie

Vous remarquerez que tout comme les humains, votre vénérable hamster subit l'effet des années. Et pour lui, les années passent vite. Si on compare avec les humains, on peut dire que chaque jour, le hamster vieillit d'environ un mois.

| Tableau récapitulatif | | |
|---|---|---|
| **Temps réel** | | **Âge estimé du hamster** |
| 1 mois | = | 2 ans |
| 3 mois | = | 6 ans et 3 mois |
| 6 mois | = | 12 ans et 6 mois |
| 1 an | = | 25 ans |
| 2 ans | = | 50 ans |
| 3 ans | = | 75 ans |
| 4 ans | = | 100 ans |

En vieillissant, votre hamster va devenir de plus en plus sage. Il bouge moins et passe une grande partie de son temps à se reposer. Qui plus est, l'arthrite entrave parfois ses mouvements. Son pelage n'est plus aussi lustré, car il ne se toilette plus avec la même ardeur. Ses poils sont de plus en plus clairsemés dans la région du dos. Le hamster vieillissant perd graduellement de sa masse et de sa force musculaires. Sa démarche devient un peu hésitante et il se tient le dos rond. Des cataractes peuvent apparaître et donner un aspect bleuté à ses yeux. Il perd alors graduellement la vue. Heureusement, un hamster aveugle peut très bien se débrouiller. N'hésitez pas à rendre la vie de votre vieux hamster plus facile et confortable en le gâtant un peu:

- offrez-lui sa nourriture préférée;
- gardez-le dans un environnement calme et tempéré;
- manipulez-le avec douceur. Ses vieux os sont peut-être sensibles;
- offrez-lui un morceau de tissu douillet. Il pourra s'y reposer.

## Éducation

### Apprivoisement

Au début de la relation, le hamster est quelque peu indifférent envers les humains. Avec le temps, il apprécie leur compagnie, surtout celle de son maître. Il ne sera jamais aussi fidèle qu'un rat pourrait l'être, mais une belle complicité peut s'établir. Le hamster conserve parfois un côté réservé et indépendant. Malgré tout, il est facile à apprivoiser. Avec un peu de patience et de douceur, vous parviendrez facilement à gagner sa confiance. Nerveux et peut-être un peu craintif au début, il s'habituera rapidement à vous. Parlez-lui souvent. Attirez-le à l'aide de petits morceaux de nourriture appétissante. Commencez par la lui offrir du bout des doigts. Ensuite, il acceptera de venir chercher le précieux butin au creux de votre main. Il y restera probablement pour le déguster. Dès qu'il se sent à l'aise avec vous, prenez-le sur vous tous les jours en augmentant graduellement la durée et la fréquence de ses sorties. Laissez-le explorer son nouvel environnement petit à petit. Gardez-le toujours sous haute surveillance, car le hamster est champion dans l'art de se sauver. Il ne reviendra pas nécessairement vers vous, une fois son escapade terminée. Il est plus prudent de le faire marcher sur vous ou de le mettre dans une boule d'exercice. La clé du succès est de commencer à l'apprivoiser le plus jeune possible. Un individu qui n'a pas été socialisé adéquatement dans son jeune âge est plus réticent à accorder sa confiance. Plus on s'occupe de lui, plus il devient gentil. Respectez votre animal: ne le réveillez pas pendant la journée et abordez-le toujours avec délicatesse pour ne pas le surprendre.

## Entraînement à la propreté

### La propreté dans la cage

Vous pouvez facilement entraîner votre hamster à la propreté. Placez un récipient (bac à litière ou petite boîte à rebords bas) dans le coin qu'il a choisi pour faire ses besoins. Il l'utilisera sans rouspéter!

### La propreté sur vous

Le hamster n'a pas tendance à uriner ou à déféquer sur les gens. Il peut cependant s'échapper. Pensez à le remettre périodiquement dans sa cage lorsqu'il est sur vous. Il en profitera probablement pour se soulager dans sa litière.

### La propreté hors de la cage

Vous retrouverez plusieurs selles et parfois de l'urine à l'endroit où votre hamster s'est promené. Heureusement, il est facile de nettoyer le tout.

## Hamster voyageur

### Balades sur l'épaule

Ne privez pas votre hamster de balades à l'extérieur de la maison. Il est dommage que si peu de gens osent le faire ! Le hamster apprécie beaucoup prendre l'air haut perché sur l'épaule de son maître. S'il fait un peu frais, pas de problème. Il se glisse bien au chaud dans le chandail, dans la manche du manteau ou, encore mieux, au creux d'une poche douillette. N'hésitez pas à sortir avec votre animal. C'est bon pour son moral !

### Balades en voiture

Que ce soit pour aller à la campagne la fin de semaine, pour rendre visite à tante Madeleine à Pâques ou encore pour aller chez le vétérinaire, il est important de garantir la sécurité de votre hamster. Il est recommandé de l'installer dans un transporteur. Plusieurs modèles sont vendus dans les animaleries, à vous de choisir. Tapissez le fond avec une serviette éponge, ce sera plus agréable pour le passager. Laissez à votre hamster un morceau d'un fruit juteux (pomme, poire). Pendant le transport, il pourra étancher sa soif en grignotant. Soyez conscient qu'un hamster a la possibilité de passer par de petits orifices. Assurez-vous que le grillage ou les trous d'aération de la cage de transport sont de la bonne dimension. Rappelez-vous que si la tête passe, le reste du corps peut suivre aussi ! Assurez-vous également que la boîte destinée à transporter votre cher rongeur est faite d'un matériau résistant. Avec ses petites dents coupantes, il lui est facile de perforer le carton et de se sauver dans la voiture.

Par temps chaud, pensez à la climatisation du transporteur. Placez-y une bouteille d'eau froide. Le voyage sera encore plus agréable.

En été, l'automobile peut devenir un piège mortel pour votre hamster, comme pour tout autre animal. Même si vous avez pris soin de laisser les fenêtres légèrement ouvertes, la température grimpe rapidement. L'animal peut mourir d'hyperthermie.

### Voyage à l'étranger

Il n'est pas recommandé de faire voyager un hamster en avion. Si vous deviez toutefois emmener le vôtre, informez-vous auprès de l'ambassade ou du service des douanes du pays visité de leurs exigences : certificat de santé, quarantaine, etc. Renseignez-vous auprès des autorités de votre pays quant aux modalités de retour. Informez-vous auprès de votre compagnie aérienne des conditions de voyage de votre protégé et tentez, si possible, de le garder avec vous. Encore une fois, un transporteur bien équipé est de rigueur. L'usage de sédatifs ou de calmants n'est pas recommandé et pourrait entraîner des conséquences fâcheuses.

### Mon hamster en pension

Si votre hamster ne peut vous suivre, vous avez deux solutions. Vous pouvez le laisser à la maison et demander à une personne de confiance de lui rendre visite au moins une fois par jour. Donnez à cette personne le numéro de téléphone de votre vétérinaire qu'elle utilisera en cas de besoin. Votre second choix est de placer votre hamster en pension chez un ami, dans une clinique vétérinaire ou dans une animalerie. Demandez à ce qu'il ne soit pas placé dans la même pièce que les chiens, les chats ou les furets. Cette situation le stresserait inutilement.

CHAPITRE VIII

# Reproduction

À partir d'un seul couple de hamsters, il faut prévoir une descendance de 100 000 individus après seulement un an. À une condition: tous les bébés doivent survivre et se reproduire à leur tour. Un taux de fécondité aussi impressionnant est nécessaire chez un animal qui ne vit guère longtemps. Afin d'assurer la survie de l'espèce, le hamster se doit d'atteindre sa maturité sexuelle rapidement, d'avoir une période de gestation courte et de produire une grande quantité de petits par portée. Pensez à ces détails si vous désirez faire accoupler votre femelle. Dans un groupe (mâles et femelles mélangés) constitué d'individus âgés entre cinq et huit semaines, il y a des risques que les femelles soient déjà gestantes. Il est faux de prétendre que les mâles d'une portée ne peuvent pas s'accoupler avec leurs sœurs. Certains atteignent leur maturité sexuelle hâtivement et en profitent. Vous n'aviez probablement pas prévu adopter une douzaine de hamsters ! Acheter un mâle règle le problème ; cependant, si vous désirez une femelle, assurez-vous qu'elle provient d'un groupe où les mâles ont été séparés des femelles dès l'âge de cinq semaines.

Si l'envie vous prend de faire accoupler votre hamster, posez-vous d'abord les questions suivantes :

- Serez-vous en mesure d'héberger tous ces nouveaux venus ou avez-vous déjà trouvé de bons foyers adoptifs pour eux ? Vous aurez besoin d'une cage par individu ! Certaines boutiques d'animaux acceptent de prendre vos petits, mais en réalité, certains seront vendus pour nourrir des reptiles. Ce n'est certainement pas le destin que vous souhaitez à vos petits hamsters.
- Aurez-vous le temps de nettoyer la cage plus fréquemment ? Une dizaine de petites frimousses, c'est très salissant et l'odeur dégagée devient rapidement agaçante.

### Conseils

- Choisissez bien les futurs parents. Certains traits de caractère comme l'agressivité sont héréditaires. Un éleveur responsable prend bien soin de ne sélectionner que les sujets exceptionnels pour la reproduction.
- Évitez à tout prix la consanguinité (accouplement de hamsters parents). Elle affaiblit à coup sûr la génétique des rejetons.

- Seuls les hamsters en excellente santé devraient se reproduire. Ne laissez pas une femelle malade devenir gestante. Le stress de sa nouvelle condition contribuerait à détériorer sa santé et celle de ses petits.

## Maturité sexuelle

Les jeunes hamsters grandissent vite et déjà, à l'âge de 5 semaines, de rares individus précoces peuvent se reproduire. Mais, pour la grande majorité, la maturité sexuelle survient entre 6 et 8 semaines.

## Détermination des sexes

Vous pouvez déterminer le sexe de votre hamster assez facilement. Chez l'adulte, les testicules du mâle sont facilement visibles – on peut les observer dans le scrotum à partir de 5 semaines. Cependant, ils ont tendance à retourner dans l'abdomen pendant la période hivernale. Ils sont gros et parfois pris pour une enflure anormale. Chez les très jeunes, comme les testicules ne sont pas encore descendus dans le scrotum, vous devrez utiliser un autre point de repère. Regardez attentivement la distance séparant l'organe génital de l'anus. Elle est environ une fois et demie à deux fois plus grande chez le mâle.

Si vous n'êtes pas familier avec l'anatomie des jeunes hamsters, il vous sera parfois difficile de déterminer le sexe de votre animal, à moins de pouvoir le comparer à d'autres. Cependant, la papille génitale du mâle est un peu plus proéminente que celle de la femelle. Si vous êtes observateur, vous verrez peut-être les testicules du hamster nouveau-né dans son abdomen, à travers sa peau mince. Aussitôt les poils poussés, il n'est plus possible de les voir.

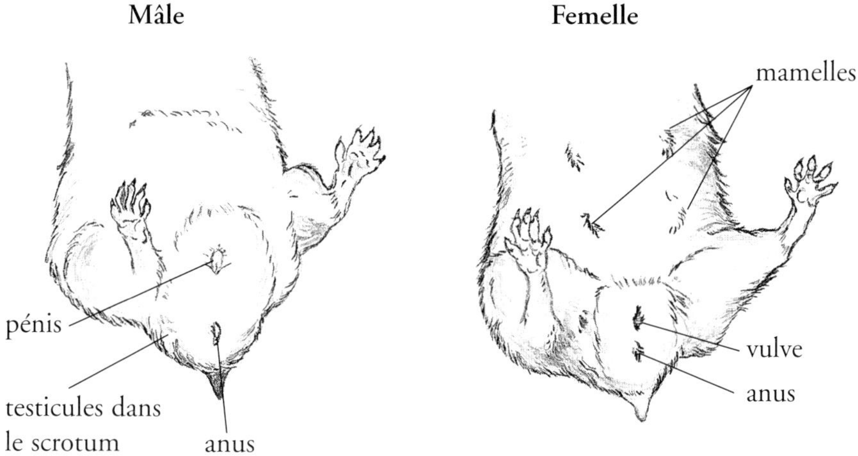


**Détermination des sexes**

## Rencontre

La femelle du hamster est polyœstrienne saisonnière à ovulation spontanée. Cela signifie que ses chaleurs se succèdent continuellement pendant une période déterminée de l'année et qu'elle n'a pas besoin de la stimulation du coït pour ovuler. Dans la nature, les chaleurs se succèdent de mai à septembre environ. C'est l'allongement du jour qui enclenche le processus. Les chaleurs ont lieu tous les 4 à 5 jours, environ une heure après le coucher du soleil, ce qui est bien pratique pour une espèce crépusculaire. Lorsque la durée du jour diminue, les chaleurs cessent, les testicules du mâle se rétractent et le système reproducteur des deux sexes se met en veille jusqu'à ce que les jours allongent de nouveau. Ce cycle est moins marqué chez le hamster vivant en captivité, car l'éclairage artificiel de nos maisons crée un environnement où les journées sont toujours longues. Il n'est donc pas étonnant que les testicules de votre hamster ne se rétractent pas en hiver ou que votre femelle demeure fertile toute l'année. Malgré ces conditions de captivité particulières, certains individus cessent quand même leurs activités sexuelles pendant les mois d'hiver.

Chez certaines femelles, les chaleurs cessent complètement après l'âge de 14 mois. On pourrait comparer cela à la ménopause chez la femme. Le mâle est pour sa part fertile toute sa vie.

## La puberté

Très jeune, une femelle hamster peut devenir gestante. En moyenne, ses premières chaleurs se produisent vers l'âge de 6 à 8 semaines. Il existe cependant des femelles précoces qui peuvent devenir gestantes dès la cinquième semaine.

Le premier accouplement a lieu idéalement entre 10 et 14 semaines.

## Le rendez-vous galant

Dominante dans le couple, la femelle est très agressive envers son compagnon si elle n'est pas en chaleur. Certaines pourraient même tuer leur congénère. Il n'est pas toujours facile de déceler les signes de chaleur. Parfois, vous remarquerez que votre femelle cambre le dos lorsque vous appuyez vos doigts sur sa croupe. Vous pourrez également observer l'apparition d'une sécrétion vaginale opaque et laiteuse. Ce liquide visqueux a une odeur caractéristique qui attire le mâle et éloigne les autres femelles. Cet écoulement vaginal se produit au deuxième jour du cycle. La femelle est fertile le lendemain (jour 3 du cycle). C'est le moment de lui faire rencontrer le mâle, qu'elle acceptera sans problème. En repérant cet écoulement vaginal, vous serez en mesure de maximiser les chances de réussites de l'accouplement, tout en diminuant les risques de batailles.

Voici deux situations possibles basées sur un cycle ovarien de quatre jours :

Exemple 1

1er cycle
- 1- 1er jour du cycle
- 2- Écoulement vaginal odorant
- 3- Accouplement fertile
- 4-

2e cycle
- 5-
- 6- Implantation des embryons
- 7- La femelle refuse le mâle (signe qu'elle est gestante et non pas en chaleur)
- 8-

- 9-
- 10-
- 11-
- 12-
- 13-
- 14-
- 15-
- 16-
- 17-
- 18-
- 19- Naissance des petits

Exemple 2

| Cycle | Jour | |
|---|---|---|
| 1er cycle | 1- | 1er jour du cycle |
| | 2- | Écoulement vaginal odorant |
| | 3- | Accouplement non fertile |
| | 4- | |
| 2e cycle | 5- | 1er jour du deuxième cycle (retour des chaleurs) |
| | 6- | Écoulement vaginal odorant |
| | 7- | La femelle ne rejette pas le mâle. Accouplement fertile |
| | 8- | |
| 3e cycle | 9- | |
| | 10- | Implantation des embryons |
| | 11- | La femelle refuse le mâle |
| | 12- | |
| | 13- | |
| | 14- | |
| | 15- | |
| | 16- | |
| | 17- | |
| | 18- | |
| | 19- | |
| | 20- | |
| | 21- | |
| | 22- | |
| | 23- | Naissance des petits |

Emmenez toujours la femelle dans la cage du mâle et non le contraire. La femelle est tellement territoriale qu'elle pourrait attaquer le mâle, même si elle est en œstrus. Il est même recommandé de ne pas mettre une femelle expérimentée en présence d'un jeune mâle qui en est à sa première expérience. Elle pourrait le blesser. La rencontre idéale devrait avoir lieu dans une cage inconnue des deux. Attendez le soir avant de les mettre ensemble, car les chaleurs de la femelle surviennent à ce moment-là. Au moindre signe d'agressivité, séparez-les. Remettez-les ensemble quand vous aurez déterminé la nouvelle période de chaleurs. Le mâle a besoin d'une trentaine de minutes pour s'accoupler à la femelle. Elle lui signifie qu'elle l'accepte en se laissant renifler les glandes des flancs et les organes génitaux. Lorsqu'elle se sent prête, elle cambre le dos en relevant son arrière-train. Elle porte sa queue sur le côté et se laisse monter. Le mâle effectue plusieurs pénétrations sur une période d'une dizaine de minutes en moyenne. Après la rencontre, remettez rapidement les hamsters dans leurs cages respectives, car la femelle redevient rapidement agressive. Après l'accouplement, il se forme un bouchon muqueux dans son vagin ; il est composé de sécrétions vaginales et des sécrétions des glandes sexuelles accessoires du mâle. La présence de ce bouchon prévient la perte du sperme et reste en place quelques heures avant de tomber.

## Gestation

La gestation dure 16 jours en moyenne. C'est la plus courte période de gestation connue chez les mammifères non marsupiaux. La femelle vit seule. Certaines femelles gestantes acceptent d'être manipulées, mais soyez délicat. Une pression trop forte sur son abdomen tendu fait souffrir le hamster et provoque parfois un avortement. À l'approche de sa parturition, elle peut devenir de plus en plus agressive. C'est normal, elle veut simplement protéger son nid.

### Diagnostic de gestation

Il existe plusieurs méthodes pour déterminer si votre femelle est gestante. Elles ne sont pas toutes faciles à appliquer en raison de la très petite taille de la future mère. En début de gestation, le développement embryonnaire est lent. Vous devrez attendre quelques jours pour remarquer des changements physiques chez la femelle.

- La pesée : pesez votre femelle quotidiennement à l'aide d'une balance précise. Vous remarquerez un gain de poids constant plus marqué à partir de la dixième journée.
- La palpation abdominale : cette méthode ne doit être utilisée que par des gens expérimentés, car une pression trop intense sur l'abdomen peut causer un avortement. Il est difficile d'utiliser cette méthode chez le hamster en raison de sa petite taille. Cependant, des doigts expérimentés peuvent palper des fœtus à partir du dernier tiers de la gestation.
- La radiographie : cette méthode est utile lorsqu'il est important de connaître le nombre exact de fœtus et leur positionnement dans l'utérus. On la pratique pendant le dernier tiers de la gestation.
- L'échographie : ce moyen très sophistiqué n'est pas à la portée de tous, mais il peut s'avérer très utile. Il permet de visualiser les fœtus grâce à des ultrasons, sans le moindre danger pour la mère et ses rejetons. La petitesse de l'animal limite grandement l'usage de cette méthode.
- La grosseur de l'abdomen : c'est seulement à partir de 9 à 10 jours de gestation que l'abdomen est visiblement plus gros. Mais il faut être vigilant, car certaines femelles restent petites.
- L'augmentation du volume des glandes mammaires : quelques jours avant la mise bas, les glandes mammaires se développent et deviennent plus visibles et gonflées.
- Présenter le mâle à la femelle quatre jours après la copulation : une femelle gestante refuse la présence du mâle quatre jours après sa première rencontre avec lui. Selon un cycle normal, si elle n'était pas gestante, elle serait de nouveau en chaleur et accepterait le mâle. Ce test n'est cependant pas infaillible, il y a des exceptions.

## Le nid

La femelle s'affaire à construire un nid quelques jours avant la parturition. Elle privilégie les endroits ombragés, chauds et intimes. Dans la

Hamster nain, *Phodopus campbelli*

Hamster jaune

Hamster jaune

Hamster jaune

Hamster crème aux yeux noirs

cage, laissez une petite boîte ou une maisonnette qu'elle utilisera à sa guise. Offrez-lui des morceaux de tissu ou de mouchoir en papier dont elle se servira pour rendre le fond de son nid douillet. Ne dérangez plus la future mère à partir du treizième jour de gestation.

### Un garde-manger

La femelle fait de bonnes réserves de nourriture dans son nid. Elle peut ainsi s'alimenter en surveillant ses petits. Évitez de lui donner des aliments périssables pendant la période où vous ne devez plus toucher au nid. Vous éviterez ainsi que leur décomposition ne détériore ses réserves.

### Remarques

- Pendant sa gestation, la femelle consomme une plus grande quantité d'eau et de nourriture. La moulée à rongeur est très importante, car elle contient tous les éléments nutritifs dont la femelle a besoin. Ne cédez pas trop à ses caprices de hamster gestante qui aimerait bien un morceau de lasagne trempé dans de la crème fouettée…
- Certaines femelles deviennent agressives pendant leur gestation, et cela jusqu'à ce qu'elles aient sevré leurs bébés. Rassurez-vous, ce comportement est transitoire. Une fois les petits sevrés, tout rentrera dans l'ordre.

### Pseudo-gestation

Si votre femelle s'est accouplée avec un mâle infertile, il est possible qu'elle est l'air gestante sans l'être réellement. Ce phénomène est connu sous le nom de pseudo-gestation. Il se produit très rarement. Les signes sont identiques à ceux d'une gestation normale et durent entre 8 et 12 jours. Pendant cette période, l'abdomen grossit et la femelle s'affaire à construire son nid. Une perte de poids survient au cours des deux derniers jours de la pseudo-gestation. Par la suite, tout rentre dans l'ordre et la femelle recommence à avoir ses chaleurs normalement.

## Mise bas

### Une grosse famille

Les bébés naissent généralement la nuit ou très tôt le matin. Cinq à neuf petits sont attendus (parfois jusqu'à 14!). Une mise bas normale dure entre 15 minutes et 1 heure. Si elle dure plus de 2 heures, il y a un problème. Appelez votre vétérinaire.

### L'arrivée des bébés

Quelques heures avant le début des naissances, on note parfois un écoulement vaginal teinté de sang. La mère est plus calme, s'étire souvent et semble un peu mal à l'aise. À mesure que les petits naissent, la mère les assiste en tirant sur le sac qui les entoure afin de les aider à sortir. Elle coupe le cordon ombilical et mange le placenta. Elle assèche soigneusement chacun de ses rejetons en les léchant. Elle mange aussi les bébés mort-nés, car leur putréfaction mettrait les autres en danger. Ce comportement a déjà été pris, à tort, pour du cannibalisme.

La nouvelle mère est très protectrice. Elle n'apprécie pas que vous tentiez d'inspecter son nid. Très inquiète, elle peut enfouir tous ses bébés à l'intérieur de ses poches jugales pour les transporter dans un endroit qu'elle juge plus sûr. Une fois le danger écarté, elle sort ses petits sans les blesser, en poussant sur ses bajoues avec ses pattes avant. La mère se sent en sécurité dans un grand nid bien fourni. Il est dangereux de garder une femelle et ses petits dans une cage à fond grillagé. Ils pourraient facilement passer au travers des barreaux et mourir.

### Le cannibalisme

Certaines femelles tuent leurs petits et les mangent si elles se sentent menacées, stressées ou si elles manquent d'expérience. Il est donc recommandé d'attendre dix jours avant de nettoyer la cage. Pendant cette période, seuls les changements d'eau et de nourriture sont permis.

Situations prédisposant la mère au cannibalisme:

- mère constamment dérangée;
- mère inexpérimentée ne sachant pas comment prendre soin de sa première portée. On rencontre ce problème plus fréquemment chez les femelles accouplées trop jeunes;
- manque d'eau ou de nourriture;
- portée trop nombreuse;
- mère manquant de lait ou incommodée par une infection des glandes mammaires;
- matériel insuffisant pour construire le nid.

## Les chaleurs post-partum

Environ cinq heures après la mise bas, la femelle est de nouveau en chaleur. Elle n'est cependant pas fertile à ce moment-là. Il est inutile de lui présenter le mâle. Cela la rendrait excessivement nerveuse et agressive. Elle pourrait tuer ses rejetons à son retour dans la cage.

## Des nouveau-nés immatures

Les petits sont nidicoles, c'est-à-dire qu'ils naissent totalement dépourvus: ils n'ont pas de poils, ils sont aveugles (paupières closes) et ils ont les oreilles fermées. Ils pèsent entre 2 et 3 g à la naissance et sont entièrement dépendants de leur mère. Elle maintient leur chaleur corporelle, les nourrit et stimule leurs fonctions naturelles. Ne touchez pas aux nouveau-nés avant l'âge de deux semaines. Cela rend la femelle nerveuse et elle essaie de les changer de place en les agrippant par la nuque ou en les enfouissant dans ses bajoues. Par instinct, un petit tenu par le cou ne bougera pas, il se recroquevillera sur lui-même : c'est la meilleure position pour transporter un rejeton de façon sécuritaire. Si la mère subit un trop grand stress, elle peut aller jusqu'à tuer ses petits et les manger. Il est important d'inspecter visuellement le nid tous les jours. Attendez que la mère n'y soit pas ou attirez-la hors de la cage avec sa nourriture préférée. Les bébés en santé sont calmes, endormis et leur abdomen est bien rond. Les premiers jours, vous pouvez même observer leur estomac blanc, plein de lait, à travers leur mince peau. À mesure que les poils apparaissent, il devient invisible. Il est important d'offrir à la nouvelle mère toute l'intimité et la tranquillité dont elle a besoin. Évitez que les enfants et les autres animaux de la maison ne jouent à proximité de sa cage. Lorsque vous verrez les petits hamsters sortir du nid (vers deux semaines) et se promener, vous pourrez commencer à les toucher. Soyez patient !

### Remarque

- Commencez à manipuler les petits dès l'âge de deux semaines. Plus vous passerez de temps avec eux, plus ils seront gentils. Pour ne pas stresser la mère inutilement, occupez-la à autre chose pendant que vous jouez avec ses rejetons.

### Sevrage

Les jeunes hamsters peuvent être sevrés dès l'âge de 21 à 35 jours, ils pèsent alors entre 35 et 40 g (1 oz à 1½ oz). Vous pouvez les laisser un peu plus longtemps ensemble, mais prenez soin de séparer les mâles des femelles dès la cinquième semaine pour éviter des grossesses.

#### Le retour de la fertilité de la mère

De 2 à 18 jours après le sevrage, la mère retombe en chaleur. Si elle n'est pas fécondée à ce moment-là, ses cycles ovariens normaux recommencent, c'est-à-dire que ses chaleurs ont lieu tous les 4 à 5 jours jusqu'à ce qu'elle s'accouple, qu'elle soit ménopausée ou qu'elle soit en saison de repos sexuel (hiver).

Pour ne pas fatiguer la mère, il est recommandé d'attendre deux à trois mois après le sevrage avant de l'accoupler de nouveau.

## Les orphelins

Les petits hamsters privés des bons soins de leur mère sont bien malchanceux. Les causes de cette infortune sont variées:

- mère décédée;
- mère trop vieille et fatiguée;
- mère malade;
- mère agressive envers ses rejetons.

Il est très difficile, voire impossible, de faire adopter des orphelins par une autre mère hamster. Elle a alors presque toujours un comportement cannibale avec les nouveaux ainsi qu'avec ses propres petits. Les faire adopter par une autre espèce (rate, souris) pose aussi un problème. Les petits hamsters naissent avec leurs incisives déjà en place contrairement aux autres rongeurs. La mère adoptive tolère bien mal ces petites dents sur ses tétines.

La solution à envisager est de devenir le parent adoptif des petits hamsters. Sachez cependant qu'il est très difficile – mais pas impossible – de les sauver.

### Nourrir les orphelins

Rien n'est aussi complet que le lait maternel. Il contient tous les éléments nécessaires à la croissance des petits ainsi que des anticorps les protégeant des maladies. Vous trouverez tout de même en clinique vétérinaire des préparations de lait maternisé adéquates pour les petits hamsters (KMR ou Esbilac). Si vous n'en trouvez pas, utilisez la recette suivante.

| Recette de lait maternisé | |
|---|---|
| 90 ml (3 oz) | Lait homogénéisé à 3,25 % |
| 5 ml (1 c. à thé) | Lait en poudre pour bébé (SMA, Enfalac, Similac) |
| 3 gouttes | Sirop de maïs |
| 2,5 g (1/2 c. à thé) | Pablum (céréales mixtes) |
| 3 gouttes | Multivitamines pour rongeurs ou oiseaux |

- Ne remplacez pas le sirop de maïs par une autre source de glucides : cela pourrait donner la diarrhée à votre animal.
- Gardez cette préparation de lait au réfrigérateur.
- Faites un nouveau mélange tous les jours.
- Faites chauffer le lait maternisé à environ 37 °C (99 °C) avant de le donner aux bébés. N'utilisez pas le four micro-ondes : plongez plutôt le contenant de lait dans un récipient rempli d'eau chaude. De cette façon, le lait se réchauffera uniformément et vous éliminerez les risques de brûlures. Testez la chaleur du lait en en déposant quelques gouttes sur votre poignet. Il devrait être à la même température que votre peau.
- Utilisez une petite seringue ou un compte-gouttes pour faire boire vos petits. La propreté des instruments utilisés pour préparer et donner le lait est primordiale. Lavez le tout à l'eau très chaude, sans utiliser de savon, car les résidus sont potentiellement toxiques. Vous pouvez stériliser le matériel en le faisant tremper quelques minutes dans de l'eau bouillante.

| Horaire des tétées | |
|---|---|
| **Âge du hamster** | **Recommandations** |
| 1 à 7 jours | Nourrir toutes les 2 heures pendant le jour (6 à 8 tétées).<br>Nourrir une fois pendant la nuit. |
| 8 à 15 jours | Nourrir toutes les 5 ou 6 heures pendant le jour (2 à 3 tétées).<br>Plus besoin de nourrir la nuit. |
| 16 à 21 jours | Donner 1 à 2 tétées par jour jusqu'au sevrage complet. |

Les quantités de lait consommées à chaque repas varient en fonction de l'âge et de l'individu. Par exemple :

- la première semaine : arrêtez la tétée quand vous voyez que l'estomac est plein. À travers la mince peau, vous pouvez voir une tache blanche juste derrière les côtes, à gauche de l'abdomen.
- après la première semaine : le bébé se détourne du compte-gouttes quand il est rassasié.

## Conseils

- Trop nourrir les petits dérange l'estomac et cause la diarrhée.
- Nourrissez les petits lentement (minimum 5 minutes par individu). Quand le lait arrive trop rapidement dans la bouche, le bébé ne peut pas tout avaler. Vous verrez alors des bulles de lait sortir par les narines. Si le liquide est aspiré dans les poumons, il y a risque de pneumonie.
- Tenez les bébés à la verticale lorsque vous les faites boire. Dans cette position, ils risquent moins de s'étouffer.

- Assurez-vous que vos mains soient bien chaudes avant de manipuler vos petits hamsters. Sans poils, ils sont très frileux.

### Stimuler les fonctions naturelles des bébés

Chez le hamster de moins de 15 jours, stimulez la miction et la défécation. Il est incapable de déclencher le processus tout seul. Frottez doucement la région ano-génitale avec un linge ou un coton-tige humide avant et après chaque repas. Habituellement, sa mère s'acquitte de cette tâche en le léchant.

### Garder les petits bien au chaud

Avant l'âge de 7 jours, les petits sont incapables de maintenir leur chaleur corporelle. Par la suite, ils sont frileux jusqu'à ce qu'ils soient bien couverts de poils. Installez-les donc dans un nid tapissé de tissu doux. Maintenez la température entre 24 et 30 °C (75 °F et 86 °F) en déposant le nid sur un coussin chauffant. Installez un thermomètre près des petits pour vérifier la température réelle. Une atmosphère trop chaude est aussi néfaste que le froid. Couvrir le nid avec un morceau de coton mince qui n'empêche pas l'air de circuler mais aide à conserver une température stable.

### Éviter les escapades

Les petits commencent tôt à vouloir se promener pour explorer. Un nid profond est donc conseillé. Il évite l'éparpillement des jeunes et prévient un éventuel refroidissement du corps.

### Une présence réconfortante

Dans le nid de vos protégés, placez un petit animal de peluche (de la forme d'un hamster, si possible). Les petits aimeront se blottir contre le doux tissu.

### Les premiers repas solides

Même si les jeunes hamsters commencent à manger un peu de nourriture solide dès l'âge de 7 à 15 jours, ils ont encore besoin de lait. Augmentez graduellement la quantité de Pablum dans la recette de lait maternisé. Offrez-leur aussi de la moulée humectée avec de l'eau. Elle sera plus facile à manger. De l'eau fraîche doit être mise à leur disposition. Ils en boivent peu mais elle leur est essentielle. À 3 semaines, ils consomment bien la nourriture solide et peuvent être sevrés de leur lait.

### Les bébés hamsters grandissent très vite

Ils naissent avec des incisives, contrairement aux autres rongeurs.

- À 4 ou 5 jours : les oreilles s'ouvrent.
- Entre 5 et 10 jours : la fourrure apparaît.
- Entre 7 et 10 jours : en plus du lait, ils ont besoin de boire de l'eau. Assurez-vous que la bouteille distributrice d'eau est à leur portée. Ils commencent également à grignoter de la nourriture solide que la femelle leur apporte dans le nid. Humectez la moulée, ils pourront la manger plus facilement. Les petits qui ne boivent pas d'eau souffrent de constipation.
- Vers 10 jours : les yeux s'ouvrent.

La pesée régulière permet de bien suivre la croissance de vos orphelins. Une balance précise est un outil bien utile si vous devez vous occuper de bébés hamsters. En suivant attentivement leur prise de poids, vous vous assurez de leur bonne santé.

## Problèmes liés à la reproduction

### L'infertilité

Il arrive qu'un couple de hamsters n'arrive pas à produire de rejetons. Les causes sont multiples. En voici quelques-unes.

- Femelle trop vieille ou trop jeune : une femelle cesse généralement d'avoir des chaleurs à partir de 14 mois. Ce phénomène pourrait se comparer à la ménopause chez la femme. En revanche, une très jeune femelle, ne peut pas avoir de petits avant d'avoir atteint sa maturité sexuelle.
- Obésité du mâle ou de la femelle.
- Mâle infertile.
- Mauvaise alimentation : des études ont démontré qu'une femelle dont l'alimentation ne contient pas assez de vitamine E donne plus souvent naissance à des petits souffrant de paralysie des membres postérieurs, et que ses portées sont plus petites. Les carences en protéines ont aussi un effet négatif sur la reproduction du hamster.
- Femelle malade.
- Environnement inadéquat : trop chaud, trop humide, très souillé.
- Stress constant (par exemple, une femelle constamment dérangée par d'autres animaux ou des enfants turbulents).

### L'infection des glandes mammaires

Les glandes de la mère sont chaudes et enflées. Un liquide teinté de sang s'en écoule. Cette situation très douloureuse survient le plus souvent lorsque les petits ont environ une semaine. Ce malaise de la femelle la pousse souvent à tuer ses bébés. Consultez rapidement votre vétérinaire afin qu'il prescrive des antibiotiques. Parfois, l'hospitalisation est nécessaire. Sans traitement, il y a risque de décès.

### Kystes ovariens

Une femelle qui n'a jamais été accouplée a plus de risques d'avoir des kystes ovariens. L'abdomen devient gros, et on observe un écoulement vaginal de couleur rouge. L'hystérectomie est alors conseillée.

| **Tableau récapitulatif de la gestation** |
| --- |
| Période de gestation : 15 à 18 jours (moyenne 15½ jours).<br>Œstrus : tous les 4 à 5 jours environ.<br>Œstrus post-partum : non fertile.<br>Nombre de petits par portée : 1 à 14 (moyenne 5 à 9).<br>Nombre de portées par an : 8 à 10.<br>Durée de la vie reproductive : environ 15 mois (de 7-8 semaines à 18 mois).<br>Saison de reproduction : mai à septembre en nature, toute l'année en captivité.<br>Nombre de glandes mammaires : 12 à 17 (certaines femelles ont des mamelles surnuméraires).<br>Âge au sevrage : 21 à 35 jours.<br>Puberté : femelle : 6 semaines ;<br>mâle : 8 semaines.<br>Âge minimum recommandé pour commencer la reproduction :<br>mâle : 10 à 14 semaines ;<br>femelle : 12 à 14 semaines. |

CHAPITRE IX

# Maladies, convalescence et carnet de santé

La médecine des animaux exotiques ou, selon certains auteurs, des nouveaux animaux de compagnie, est un domaine très spécialisé. Les connaissances médicales se rapportant au chien et au chat ne peuvent pas toutes s'appliquer au hamster. Étant donné que votre animal mérite et doit recevoir des soins médicaux de qualité lorsqu'il en a besoin, choisissez votre vétérinaire en fonction de son champ d'intérêt et de sa spécialisation. Visitez votre vétérinaire en soirée de préférence, moment où votre hamster est le plus actif. Ainsi, il sera plus facile d'évaluer son état de santé.

Soigner les petits rongeurs est parfois un défi pour le médecin des animaux. Il ne dispose pas toujours de tous les tests nécessaires pour établir un diagnostic précis. La très petite taille de son patient limite les interventions possibles. Il peut toutefois effectuer quelques examens tels que les radiographies ou certains tests sanguins. Souvent, le vétérinaire se voit dans l'obligation de traiter un hamster selon ses symptômes et en posant le diagnostic le plus probable. La prévention des maladies demeure la solution la plus sage. Donnez-lui donc le meilleur environnement possible et une alimentation santé.

### Le hamster robuste

On pourrait croire le hamster facilement sujet aux maladies, compte tenu de sa petite taille et de son allure fragile. Il n'en est rien; ce rongeur possède une bonne santé et n'est pas fréquemment malade. Mais les maladies qui l'affectent sont souvent sérieuses. Apprenez à déceler rapidement les premiers signes de malaise. Plus vite il est examiné par un vétérinaire, meilleures sont ses chances de guérison. Sa cage renfermant une foule de renseignements précieux, ne la nettoyez pas avant de consulter.

### Symptômes suggérant un problème de santé

- Posture anormale: le hamster souffrant se tient le dos rond, la tête basse et les yeux mi-clos. Il est léthargique.
- Paupières closes: d'épaisses sécrétions séchées collent les paupières et empêchent les yeux de s'ouvrir. Le hamster ainsi privé de sa vision est plus nerveux et a tendance à mordre s'il est surpris.
- Mauvais aspect du poil: un hamster en santé passe beaucoup de temps à se toiletter. Il est donc anormal que ses poils soient hérissés, en broussaille et ternes s'il ne se sent pas bien.
- Perte de poids: quand votre animal maigrit anormalement, vous percevez ses côtes et sa colonne aisément.
- Faiblesse: la démarche du hamster malade est hésitante, il trébuche souvent.

- Respiration anormale : l'individu respire rapidement de façon superficielle ou bien difficilement et profondément. Ses flancs se creusent à chaque inspiration.
- Irritabilité : le hamster malade est plus enclin à mordre.

### L'euthanasie, une solution humanitaire

En médecine vétérinaire, nous possédons le précieux privilège de pouvoir mettre un terme aux souffrances d'un animal. Utilisée à bon escient, l'euthanasie est une pratique noble et motivée par l'amour et le respect que l'on éprouve pour son animal. Banaliser le mauvais état d'un hamster malade en alléguant que ce genre d'animal ne peut pas souffrir réellement est une grave erreur de jugement. Toute créature, quelle qu'elle soit, expérimente la douleur et l'inconfort, même si elle ne l'exprime pas de façon évidente. L'euthanasie se pratique en injectant un médicament (barbiturique) qui a comme fonction première d'endormir le hamster. Une fois le sommeil profond atteint, la respiration et le cœur s'arrêtent. La procédure est donc sans douleur et ne stresse en rien le petit animal. Discutez de cette solution avec votre vétérinaire si votre hamster est atteint d'une maladie incurable et si plus rien ne peut être fait pour alléger ses souffrances.

## Maladies

### Infection respiratoire

Le système respiratoire d'un hamster peut être infecté par un virus ou une bactérie. Bien que ce ne soit pas une maladie fréquente chez le hamster, elle peut être dangereuse et lui coûter la vie si elle n'est pas traitée à temps. Le hamster malade éternue, a de la difficulté à respirer, et on entend des bruits respiratoires. On observe également un écoulement nasal et oculaire. Chez certains patients, on note un amaigrissement et une dégradation progressive de la condition générale. Le hamster est léthargique, se tient le dos arqué et son pelage a un mauvais aspect.

Les infections respiratoires sont plus fréquentes chez les animaux dont l'immunité est inadéquate ou qui vit dans un environnement malsain.

Facteurs qui affaiblissent le système immunitaire :

- le stress ;
- la surpopulation (on ne doit jamais garder plus d'un hamster par cage) ;
- la vieillesse ;
- la mauvaise alimentation, particulièrement les carences en vitamines A et E.

Facteurs qui irritent le système respiratoire :

- la présence de vapeurs d'ammoniac dans une cage où s'accumulent de grandes quantités d'urine ;
- les copeaux de cèdre comme litière. Leur odeur forte est irritante pour le système respiratoire ;
- les copeaux de bois très poussiéreux. Les minuscules particules pénètrent aisément dans les voies respiratoires ;
- la mauvaise ventilation dans la cage.

### Quelques conseils pour aider le patient en crise aiguë

- Gardez-le dans un endroit tempéré mais non surchauffé.
- Enlevez les copeaux de bois du fond de la cage et remplacez-les par une serviette ou du papier essuie-tout. La poussière est néfaste pour les poumons irrités du malade.
- Maintenez un bon taux d'humidité dans la pièce.
- Administrez les antibiotiques prescrits par votre vétérinaire.
- Assurez-vous que votre hamster s'alimente bien. N'hésitez pas à lui offrir ses gâteries favorites.

### Remarques

- Le virus de Sendai (qui cause des infections respiratoires) peut aussi contaminer le cochon d'Inde, la souris et le rat. Ne permettez jamais à un de ces rongeurs atteint de symptômes respiratoires de vivre dans la même pièce que votre hamster.
- Les souris sauvages sont souvent atteintes d'infections respiratoires. Elles peuvent servir d'agent d'infection si elles entrent en contact avec la nourriture de votre rongeur.
- La bactérie *Bordetella* qui cause la toux de chenil des chiens est transmissible aux hamsters. Ne gardez pas votre animal à proximité d'un chien malade.

### Larmes rouges (chromodacryorhée)

Des larmes rouges s'écoulent parfois des yeux du hamster. Ces larmes sont souvent confondues à tort avec du sang. Composées de sécrétions provenant de la glande de Harder située juste derrière le globe oculaire (voir chapitre III), elles sont le résultat d'une irritation.

### Conjonctivite

Un hamster qui a les paupières rouges et les poils autour des yeux collés par des sécrétions souffre probablement de conjonctivite. Ces écoulements oculaires peuvent être abondants et très épais, et ils scellent les paupières ensemble. L'animal incapable de voir devient plus nerveux et agressif. Si les paupières ne sont pas décollées rapidement, le pus s'accumule entre la paupière et le globe oculaire, créant des dommages à la cornée. Consultez votre vétérinaire pour obtenir un médicament efficace. Il n'est pas recommandé d'appliquer dans les yeux du hamster des antibiotiques sous forme de crème. En faisant sa toilette, il étendrait le produit graisseux sur tout son pelage et risquerait aussi d'en avaler. De plus, l'application d'une crème sur une sécrétion déjà épaisse et visqueuse n'aide pas à résoudre le problème. En attendant de vous rendre chez le vétérinaire, nettoyez délicatement le pourtour des yeux avec un chiffon doux imbibé d'eau bouillie. En humidifiant les sécrétions séchées, les paupières s'ouvriront peut-être.

Parfois, la conjonctivite n'est que la conséquence d'une allergie (litière composée de copeaux de cèdre, poussière, fumée de cigarette, parfum, etc.). Dans ce cas, on note les paupières rouges. Parfois, elle annonce une maladie plus sérieuse (par exemple, une infection bactérienne). On observe alors que les sécrétions collent les paupières.

### Remarque

- Votre hamster se fait vieux, et vous remarquez qu'à son réveil, ses paupières ne s'ouvrent pas toujours normalement. Elles sont parfois fermées par une petite croûte blanchâtre. Après quelques minutes de toilettage, le hamster s'en débarrasse et ses yeux s'ouvrent alors correctement. Ne vous inquiétez pas, il n'est pas malade, ce ne sont que des larmes séchées. Vous pouvez l'aider en le nettoyant avec un linge humide. Ce petit désagrément devient de plus en plus fréquent chez certains vieux individus. Comme il est parfois difficile de distinguer les différentes sortes de sécrétions, demandez l'avis de votre vétérinaire.

### Allergies

Certains hamsters sont incommodés par des allergies. Les symptômes généraux de l'allergie sont :

- éternuements ;
- écoulement nasal séreux ;
- enflure des pieds ;
- démangeaisons cutanées ;
- rougeurs autour des yeux et des oreilles.

Les causes sont multiples et il n'existe aucun test pour identifier la source de l'allergie de votre hamster. Vous devrez procéder par élimination et par déduction en retirant un à un les produits susceptibles d'en être responsables.

Exemples de facteurs allergènes :

- copeaux de bois en cèdre ;
- parfum ;
- fumée de cigarette ;
- aérosol ;
- certains aliments (arachides, graines de tournesol, graines recouvertes de colorant).

### Tumeurs des glandes mammaires

Si vous remarquez une petite bosse sous votre hamster, il est fort probable que ce soit une tumeur des glandes mammaires. Heureusement, ce type de cancer n'est pas très fréquent. Ces tumeurs grossissent plus ou moins rapidement et peuvent atteindre des dimensions impressionnantes. Au début, elles ne sont pas trop dérangeantes mais en grossissant, elles finissent par entraver sérieusement les mouvements de l'animal. À force de traîner par terre, les mamelles s'ulcèrent et s'infectent. Comme la majorité de ces masses sont des tumeurs bénignes (il n'y a pas dissémination de métastases dans tout l'organisme), il vaut donc la peine de les faire enlever. La chirurgie est mineure. Réagissez rapidement, car la convalescence postopératoire est beaucoup plus supportable pour l'animal lorsque la masse enlevée est de petite taille.

### Remarque

- Chez le hamster et le rat, les tumeurs des glandes mammaires sont le plus souvent des fibroadénomes bénins. Chez la souris et la gerbille, l'apparition de masses mammaires est beaucoup plus inquiétante. Il s'agit la plupart du temps d'adénocarcinomes malins et la chirurgie n'est pas toujours curative. Chaque cas demande à être évalué individuellement.

### Pododermatite

Les coussinets plantaires du hamster sont délicats, et il peut les endommager sur un fond de cage grillagé. Cela débute par une simple rougeur, puis des ulcères apparaissent. Ces ulcères s'infectent et sont très douloureux. Pour traiter la pododermatite, il est impératif d'offrir à l'animal, en plus des antibiotiques, un environnement douillet sans grillage. On remarque de telles lésions plus fréquemment chez les hamsters obèses (trop de poids sur les pieds) et chez ceux qui sont gardés dans une cage souillée d'urine (l'urine est irritante pour la peau sensible des coussinets plantaires).

### Dermatite de l'intérieur des cuisses

Un hamster en santé passe une bonne partie de la nuit à courir dans sa roue d'exercice. La surface de course grillagée peut entraîner des blessures chez un individu maladroit. Les pieds glissent sur le métal et les pattes arrière passent constamment entre les barreaux. Il en résulte une usure de la fourrure à l'intérieur des cuisses, puis la peau finit par s'infecter. Le traitement consiste à changer la roue (utilisez une roue en plastique ou en métal munie d'une surface de course uniforme) et à désinfecter les plaies avec un antiseptique. Les dermatites sévères nécessitent l'administration d'antibiotiques.

### Malocclusion

Les incisives du hamster poussent continuellement pendant toute sa vie. Les dents normales sont jaune foncé et bien alignées. Elles s'usent régulièrement les unes sur les autres quand le hamster mange ou ronge. Tout défaut dans l'alignement mène invariablement à un allongement excessif. Des facteurs héréditaires peuvent être la cause d'un mauvais positionnement des incisives. Toutefois, il est beaucoup plus fréquent que le problème soit la conséquence directe d'un trauma (dent cassée dans une chute, dent restée accidentellement coincée dans un jouet ou dans les barreaux de la cage, etc.). Notez qu'un abcès dentaire peut aussi déplacer les dents. Un hamster souffrant de malocclusion ne parviendra pas à user adéquatement ses dents, même s'il ronge. Il aura besoin de soins réguliers. La taille des incisives se fait à l'aide d'une petite pince et est totalement indolore. Aucune anesthésie n'est nécessaire, sauf quand une dent excessivement longue a transpercé le palais ou blessé gravement l'intérieur de la bouche. Dans ce cas, l'administration d'antibiotiques est nécessaire.

**Malocclusion des incisives**

### Signes annonçant la malocclusion

- Refus ou difficulté à se nourrir.
- Perte de poids.
- Poil en mauvais état : le hamster ne peut plus sortir facilement sa langue pour faire sa toilette.
- Mauvaise haleine.
- Écoulement de salive chaque côté de la bouche et sous le menton.
- Écoulement nasal (il est à noter que ce symptôme n'est pas exclusif à ce problème et peut être associé à une infection respiratoire).
- Pointes d'incisives sortant de la bouche.

### Remarques

- Les molaires du hamster ne sont pas à croissance continue. Elles ne risquent donc pas de causer des problèmes.
- Un hamster souffrant de malnutrition (manque de calcium) aura les dents plus fragiles et elles se casseront facilement. Alimentez bien votre animal afin d'éviter les problèmes de santé secondaires (voir chapitre VI).

### Maladies dentaires

Le hamster peut être sujet aux maladies dentaires et aux caries. Elles sont causées par une mauvaise alimentation (riche en sucre). Tout d'abord, il y a inflammation des gencives, et les caries apparaissent. La plupart du temps, la maladie a déjà dégénéré en abcès dentaire avant d'être observable.

#### Symptômes

- Ptyalisme (production excessive de salive) : la salive s'écoule de chaque côté de la bouche et sous le menton.
- Mauvaise haleine : des particules de nourriture prisonnières entre les dents se gâtent. Le pus provenant d'un abcès sent également mauvais.
- Anorexie : une douleur importante empêche le hamster de s'alimenter.
- Enflure de la face : les racines des dents (incisives et molaires) sont longues et pénètrent profondément dans l'os. Il n'est donc pas surprenant qu'un abcès dentaire provoque une enflure importante de la face. Parfois même, l'abcès se forme près de l'œil et déplace le globe oculaire vers l'extérieur de son orbite.

#### Traitement

Il faut vider et nettoyer l'abcès. Il faut extraire les dents malades et prescrire des antibiotiques.

### Obésité

Nous le savons tous, un surplus de poids est néfaste pour la santé. Le hamster ne fait pas exception à la règle. L'individu qui maintient un poids santé voit son espérance de vie augmenter. En revanche, le cœur de l'obèse se fatigue beaucoup plus vite ; l'animal est le plus souvent incommodé par des problèmes de santé et est prédisposé à la pododermatite (ulcération du dessous des pattes qui supportent un trop grand poids).

Il est parfois nécessaire de mettre un hamster au régime. Commencez d'abord par supprimer le superflu : les gâteries. Encouragez votre animal à bouger en vous amusant avec lui. Le but visé est de lui faire perdre du poids graduellement sans l'affamer. Demandez conseil à votre vétérinaire avant de mettre votre gros hamster au régime.

Un hamster a tendance à devenir obèse si sa cage est trop petite et si elle n'est pas équipée d'une roue d'exercice.

### Diarrhée

Les causes de diarrhée sont très variées et complexes. Consultez rapidement votre vétérinaire si votre hamster est atteint de diarrhée, car sa condition pourrait se dégrader rapidement. En raison de son métabolisme ultrarapide, votre animal peut perdre rapidement du poids s'il cesse de s'alimenter. De plus, il peut se déshydrater très vite s'il perd beaucoup de liquide dans ses selles diarrhéiques.

La diarrhée des jeunes hamsters (connue sous les noms de *wet tail,* iléite proliférative ou hyperplasie iléale transmissible) est une maladie très grave : on note un taux de mortalité élevé, plus de 90 %. Elle est la principale cause de décès chez les jeunes individus. Consultez d'urgence votre vétérinaire dès que vous remarquez le moindre symptôme de la maladie. Les chances de guérison diminuent rapidement avec le temps. La maladie se déclare surtout chez les hamsters âgés de 3 à 10 semaines. La bactérie *Lawsonia intracellularis* a été identifiée comme étant responsable de l'infection. Toutefois, des facteurs environnementaux et autres prédisposent à la maladie: surpopulation, malnutrition, stress associé au sevrage, mauvaises conditions de transport, changement d'environnement (hamster séparé de sa famille au moment de l'achat). Dans ces circonstances, le système immunitaire s'affaiblit et la bactérie s'implante plus facilement. Les selles de l'individu malade sont très contagieuses. Un hamster s'infecte s'il est mis en contact avec un individu malade ou s'il est placé dans une cage mal désinfectée.

**Symptômes de la maladie**

- Diarrhée nauséabonde, profuse et soudaine. On peut parfois observer du sang dans les selles. Le postérieur se souille, les poils sont mouillés autour de l'anus jusqu'à la queue (d'où l'expression *wet tail*).
- Ténesme: le hamster fait des efforts pour déféquer.
- Mauvais état du pelage.
- Dos rond (signe de coliques).
- Faiblesse, apathie, léthargie.
- Anorexie.
- Hypothermie et déshydratation.
- Décès rapide (1 à 3 jours).

Les rares hamsters qui survivent à la phase aiguë risquent des complications graves au niveau des intestins: un prolapsus du rectum ou d'une portion de l'intestin. On ne peut plus aider ces individus, l'euthanasie est recommandée.

Il faut poser le diagnostic très vite et donner un traitement intensif. On place le hamster dans un endroit calme, isolé et tempéré. On lui injecte des fluides à base d'électrolytes pour éviter la déshydratation et on lui administre des antibiotiques puissants pour éliminer la bactérie. Il est recommandé de donner un médicament pour protéger l'intestin très irrité (kaolin/pectin) et de faire une injection de vitamine B et d'un anti-inflammatoire. Malgré tous les efforts déployés, le hamster peut décéder.

Pour prévenir cette maladie, on offrira au hamster un environnement calme et sans stress, une alimentation santé (évitez tout changement brusque de nourriture) et on respectera des règles d'hygiène très strictes dans la cage.

Les hamsters de tous âges peuvent être atteints de diarrhée. Les causes en sont multiples, mais en voici quelques-unes.

- Changement alimentaire: les hamsters ont le système digestif capricieux. Il est possible que des individus soient intolérants à différents types d'aliments. Vous remarquerez peut-être qu'après introduction d'un nouvel aliment, il fait des selles molles et pâteuses. S'il demeure alerte et en forme, supprimez ce nouvel aliment et administrez-lui 2 à 3 gouttes de kaopectate, trois fois par jour. Quand les selles sont simplement plus molles que d'habitude, donnez-lui uniquement de la moulée pour rongeurs en supprimant tout autre aliment. Si la consistance des selles s'améliore, il n'y a rien de grave. Si le malaise dure plus de 24 h ou si les selles deviennent liquides, consultez votre vétérinaire.
- Présence d'algues dans la bouteille d'eau: il se forme parfois une couche d'algues vertes à l'intérieur de la bouteille d'eau ou de la pipette. Ces algues sont néfastes pour le hamster. Nettoyez rigoureusement cet accessoire. Un coton-tige peut servir à atteindre les endroits difficiles d'accès comme l'intérieur de la pipette.
- Administration de mauvais antibiotiques: la flore intestinale normale du hamster est fragile et certains antibiotiques peuvent la détruire laissant ainsi des bactéries très dangereuses (*Clostridium*) prendre leur place. Ces bactéries produisent une toxine qui tue rapidement (généralement en 4 à 10 jours). Il est possible de sauver les individus dont l'état n'est pas trop grave en les hospitalisant.

Exemples d'antibiotiques à éviter (cette liste n'est pas exhaustive) :

- pénicilline ;
- lincomycine ;
- lindamycine ;
- ampicilline ;
- vancomycine ;
- érythromycine ;
- céphalosporine.

• Les parasites intestinaux (principalement les vers plats, vers ronds et protozoaires).
• Les infections bactériennes ou virales de l'intestin.

### Remarques

• La diarrhée peut être causée par la bactérie salmonelle ou campilobacter. Elle est contagieuse pour les humains et peut entraîner des problèmes gastro-intestinaux assez sérieux. Ne prenez pas de risques, nettoyez-vous bien les mains après avoir manipulé un hamster atteint de diarrhée. Un type de ver plat (*Hymenolepis nana*) peut donner les mêmes symptômes chez le hamster et il est reconnu comme étant potentiellement transmissible à l'humain. Raison de plus pour prendre les précautions qui s'imposent.
• Le prolapsus de l'anus ou d'une partie de l'intestin est parfois une conséquence de la diarrhée : soit le hamster force beaucoup pour expulser ses selles, soit l'inflammation provoque une enflure importante de l'intestin ou du côlon. Une petite boule de chair ou un petit boyau un peu plus long rose foncé sort de l'orifice anal. La situation est critique, car ce tissu délicat peut être endommagé s'il s'assèche ou si le hamster le mord. Rendez-vous rapidement chez votre vétérinaire. Comme premiers soins, assurez-vous de garder la masse de chair humide en y appliquant un lubrifiant non gras (par exemple, du K-Y). Empêchez votre hamster d'y toucher.

Le vétérinaire peut parfois remettre le tout à l'intérieur. Il arrive qu'une chirurgie soit nécessaire. L'euthanasie est parfois la meilleure solution.

## Parasites intestinaux

Le hamster héberge à l'occasion des parasites intestinaux. Il est donc prudent de faire analyser les selles de votre animal pour les raisons suivantes :

- certains vers plats sont transmissibles aux humains ;
- la présence de parasites chez le hamster entraîne souvent une dégradation de sa condition de santé.

L'analyse microscopique d'un échantillon de selles permet d'identifier avec précision le type de parasite présent chez votre hamster et donc de prescrire le bon médicament.

### Prélèvement de l'échantillon

- Ramassez une dizaine de selles en utilisant des gants de plastique, un mouchoir en papier, un sac de plastique ou tout autre objet vous permettant de ne pas toucher directement les selles avec vos mains.
- Enveloppez soigneusement l'échantillon dans plusieurs épaisseurs de sacs de plastique ou dans un contenant hermétique.
- Apportez-le rapidement chez votre vétérinaire. Si cela vous est impossible, rangez-le au frais jusqu'à ce que vous puissiez vous y rendre.
- Jetez tout échantillon vieux de plus de 24 heures. Les selles doivent être fraîches pour que le résultat de l'analyse soit fiable.

## Protozoaires intestinaux

Les protozoaires sont de petits êtres vivants composés d'une seule cellule (organisme unicellulaire). Certains vivent dans le système digestif du hamster (*Trichomonas, Balantidium, Spironuclues*) sans causer de préjudices. La diarrhée (*wet tail* ou autre) est une condition favorable à leur multiplication exagérée. Si le nombre des protozoaires dépasse la quantité normale, ils risquent de causer des problèmes au hamster. Ne vous étonnez pas si votre vétérinaire prescrit lors d'une diarrhée, outre des antibiotiques, un médicament pour contrôler leur nombre.

### Remarque

- Il est possible qu'un protozoaire appelé *Giardia* soit présent dans l'intestin du hamster. Il est potentiellement transmissible aux humains, chez qui il cause des malaises digestifs. Prenez des précautions lorsque vous manipulez les selles de votre hamster.

### Dermatite et infection cutanée

Une blessure de la peau peut s'infecter et, souvent, la bactérie *Staphylococcus aureus* est responsable de l'infection. Une dermatite non traitée dégénère et peut évoluer en abcès. La peau suinte et la zone malade s'agrandit. La condition générale de l'animal se dégrade.

On remarque que la dermatite suintante est plus fréquente chez les individus gardés dans une cage en plastique. L'aération est inadéquate, l'humidité élevée, particulièrement si l'hygiène n'y est pas rigoureuse. Les résidus d'urine sont toujours irritants pour la peau. L'infection commence souvent chez ces animaux au niveau de l'abdomen.

### Abcès

À la suite d'une bataille entre deux hamsters, une bosse peut apparaître sous la peau de l'un d'eux quelques jours plus tard. Il s'agit très probablement d'un abcès. L'abcès peut être une bosse dure ou molle, avec ou sans écoulement de liquide. Il se forme lorsqu'une blessure s'infecte et se remplit de pus. Les abcès nécessitent un traitement agressif – antibiotiques et chirurgie – pour les guérir. Un abcès non traité laisse échapper des bactéries qui peuvent contaminer tout l'animal et causer des infections généralisées parfois fatales.

On rencontre les abcès de batailles principalement au niveau de la face, du dos et de la région génitale (testicules). Ne faites jamais cohabiter deux hamsters ensemble.

### Remarques

- Les abcès faciaux peuvent également être le résultat de l'infection d'une racine dentaire (abcès dentaire).
- Il arrive que des masses normales inquiètent inutilement. Parmi elles, les testicules qui viennent juste de descendre dans le scrotum du hamster juvénile, les deux glandes situées sur les flancs et les bajoues remplies à pleine capacité.

### Problèmes des glandes des flancs

Sur chaque flanc du hamster se trouve une zone ovale et de couleur plus foncée que la peau normale. Ce sont des petites glandes qui servent à marquer le territoire. Elles sont souvent prises, à tort, pour des structures pathologiques. Les glandes normales ne sont ni douloureuses ni mouillées et ne grossissent pas. Dans le cas contraire, consultez votre vétérinaire. Ces glandes peuvent s'infecter ou devenir tumorales (souvent des mélanomes).

### Problèmes de poches jugales (bajoues)

Les poches jugales du hamster peuvent contenir une quantité impressionnante de nourriture. À l'occasion, l'animal y introduit de gros morceaux qui restent coincés à l'intérieur, et la dégradation de l'aliment s'effectue dans la poche. Vous remarquerez alors que votre rongeur essaie, en vain, de vider sa bajoue tendue. Après quelques jours, une odeur fétide se dégage de sa bouche. De la salive s'écoule aux commissures des lèvres. Faute de soins, le hamster cessera de s'alimenter et l'infection s'aggravera. Dès que vous notez que votre hamster a de la difficulté à vider ses poches, consultez votre vétérinaire. Il pourra aider l'animal à le faire. Il faudra nettoyer la poche avec une solution désinfectante non toxique. L'administration d'antibiotiques sera peut-être nécessaire.

Pour prévenir que la nourriture reste coincée dans les bajoues, évitez :

- les morceaux d'aliments pointus ou coupants (exemple : coquilles de noix cassées) ;
- les fibres de ouate (elles collent à la paroi des bajoues quand elles sont mouillées par la salive).

### Éversion des poches jugales

En vidant une poche particulièrement pleine, un hamster peut provoquer une éversion de cette poche. Une boule de chair sortira alors de sa bouche. Tout doit être remis rapidement en place à l'aide d'un cotontige trempé dans un lubrifiant non toxique (K-Y ou gelée de pétrole). Les récidives sont possibles. Votre vétérinaire sera peut-être obligé de faire quelques points. On remarque ce problème plus fréquemment chez le hamster nain.

## Fractures

On classe les fractures en deux catégories : les fractures fermées et les fractures ouvertes (lorsque l'os transperce la peau). Grâce à une radiographie, le vétérinaire recommande le type d'immobilisation nécessaire. Étant donné la petitesse des membres du hamster, les techniques orthopédiques utilisées chez de plus gros animaux sont beaucoup plus difficiles à appliquer. Le ruban adhésif à bandage remplace le plâtre qui serait assurément trop lourd. Immobiliser une fracture chez un hamster est parfois un véritable exercice d'ingéniosité de la part de votre vétérinaire. Malgré tous ses efforts, les petites dents tranchantes du patient peuvent anéantir tout son travail. La plupart du temps, le taux de guérison est excellent, généralement en 7 ou 10 jours.

Des complications sont possibles: infection (en cas de fracture ouverte), déviation de la patte (si l'os se ressoude de travers), non-union (la guérison ne s'effectue pas malgré le bandage ou la chirurgie), arthrite et ankylose (dans les articulations situées près de la fracture). Parfois la patte est si sévèrement brisée, que la seule solution reste l'amputation. Le hamster tolère très bien cette intervention. Il reprendra ses activités presque normalement après sa convalescence.

### Soins à apporter

- En cas de fracture fermée, gardez votre hamster au repos dans sa cage en attendant de vous rendre chez le vétérinaire. Ne tentez pas d'immobiliser le membre malade avec une attelle, car vous pourriez aggraver une situation déjà délicate. En revanche, en cas de fracture ouverte, recouvrez la plaie avec un bandage stérile pour éviter tout risque de contamination. Consultez immédiatement votre vétérinaire.
- La convalescence doit se dérouler dans un endroit calme et l'activité du hamster doit être réduite au minimum. Enlevez de la cage tous les jouets qui pourraient l'inciter à faire des cascades (échelles, cordages, roue d'exercice, etc.).

### Remarques

- Un hamster qui s'alimente mal a un squelette plus fragile, particulièrement lorsqu'il consomme une grande quantité de graines de tournesol. Cet aliment pauvre en calcium et riche en phosphore (élément qui entrave l'absorption du calcium) contribue à fragiliser les os. Les fractures sont alors plus fréquentes.
- La fracture de la colonne vertébrale est rare, mais beaucoup plus grave. Elle provoque la paralysie partielle ou totale des membres postérieurs, de la vessie et de l'intestin. L'euthanasie demeure la meilleure solution pour la grande majorité de ces hamsters.

### Paralysie des pattes arrière

Si vous trouvez votre hamster paralysé dans sa cage, consultez d'urgence votre vétérinaire. Selon la cause de la paralysie, il pourra peut-être le guérir.

#### Causes de paralysie

- Mauvaise alimentation : une carence en vitamines D et E provoque une semi-paralysie des membres postérieurs (le hamster peut généralement bouger un peu les pattes, mais il est incapable de se tenir debout). En injectant très vite ces vitamines, on peut régler le problème. Une guérison complète prend environ deux semaines. Cependant, des séquelles permanentes plus ou moins sévères sont à prévoir si le hamster n'a pas été traité rapidement. Les individus nourris uniquement aux graines et privés d'exercice ont plus de risques d'être affectés.
- Traumatisme au niveau de la colonne : la moelle épinière est alors comprimée ou sectionnée. La paralysie est rarement réversible. Des injections d'anti-inflammatoires parviendront à aider les hamsters dont la moelle n'est que très peu endommagée.
- Constipation sévère, masse abdominale, fœtus très gros ou trop nombreux : lorsque la cavité abdominale est trop remplie, une pression s'exerce sur les nerfs sciatiques qui innervent les pattes arrière. La paralysie se produit quand les nerfs sont trop coincés. Il faut traiter rapidement la cause de la distension abdominale, mais les nerfs resteront souvent endommagés de façon irréversible.
- Condition héréditaire : les mâles de 6 à 10 mois sont parfois atteints de paralysie progressive des pattes arrière, sans cause connue. On pense qu'il s'agirait d'une maladie héréditaire. Des recherches plus poussées seront nécessaires pour élucider le problème.

### Alopécie (dépilation)

Votre hamster prend de l'âge et les poils de son dos sont de plus en plus clairsemés. Il arrive même que sa peau soit mise à nu. Cette chute de poils est probablement provoquée par un parasite microscopique appelé Démodex. En vieillissant, le système immunitaire de votre animal s'affaiblit, permettant aux quelques parasites déjà logés dans les follicules pileux de se multiplier. En grand nombre, ils provoquent la chute des poils. Ce parasite ne provoque pas de démangeaisons et ne dérange pas votre animal. Il est présent sur presque tous les hamsters, mais les symptômes apparaissent lorsque leur système de défense s'affaiblit. Faites examiner votre animal afin de vous assurer que sa santé est satisfaisante. Chez les vieux individus, il n'est pas rare qu'une maladie rénale ou un cancer des glandes endocrines présentent les mêmes symptômes que ceux du Démodex. On peut traiter l'animal, mais le succès thérapeutique est variable et imprévisible. Certains hamsters doivent rester chauves!

La dépilation peut avoir plusieurs autres causes.

- Une mauvaise alimentation: une grave carence en protéines (moins de 16%) ou en vitamines A et D. Corrigez l'alimentation.
- Les parasites (puces, galle sarcoptique): ils provoquent d'intenses démangeaisons et, en se grattant, le hamster arrache les poils. Traitez les indésirables bestioles.
- L'usure due au frottement répété sur la roue d'exercice: cela arrive surtout chez les individus à poils longs, dont des touffes sont prises et arrachées par le mécanisme de la roue.
- La teigne: ce champignon cause la chute des poils et est contagieux. Soignez le hamster atteint en suivant les recommandations de votre vétérinaire.
- L'hérédité: il existe des hamsters sans poils. Ils ne sont pas malades. Cette curiosité est tout simplement le résultat d'une mutation génétique.

- Une maladie rénale chronique : l'état de santé général de l'animal se dégrade et les poils tombent plus facilement.
- Un problème endocrinien : un déséquilibre hormonal est parfois responsable de la chute des poils (maladies des glandes surrénales, de la thyroïde, des ovaires).

### Teigne

Causée par des champignons microscopiques ayant une prédilection pour les poils, les griffes, les plumes, les écailles ou la couche superficielle de la peau, la teigne est transmissible à tous les animaux à fourrure, aux humains et même aux oiseaux et aux reptiles. Toute région sans poils doit être examinée par votre vétérinaire. Il établit le diagnostic définitif en effectuant un prélèvement au niveau de la lésion douteuse. L'analyse en laboratoire permet d'identifier le champignon.

La teigne prend souvent l'apparence d'une ou de plusieurs petites zones sans poils. On peut trouver ces lésions cutanées un peu partout sur le corps du hamster. La peau ainsi exposée est soit normale ou croûtée avec des rougeurs. Le hamster affecté souffre parfois de démangeaisons. Si on ne le soigne pas, les lésions s'agrandissent et il en apparaît de nouvelles.

Le traitement de la teigne dure de 4 à 6 semaines et nécessite une bonne discipline. Les médicaments ne fonctionnent bien que si on respecte les doses prescrites. Pour les cas mineurs, un traitement local est normalement suffisant. La teigne généralisée (plusieurs zones sans poils) nécessite un traitement plus agressif : rasage de l'animal, administration de médication orale et application d'un traitement cutané. Certains hamsters peuvent être porteurs de la teigne sans toutefois avoir de symptômes apparents. Les signes de la maladie (zones sans poils) apparaissent lorsque le système immunitaire est affaibli par un stress ou une autre maladie. La teigne se transmet le plus souvent par contact direct avec une lésion cutanée contagieuse. Des spores de champignons peuvent aussi contaminer l'environnement immédiat de l'animal (cage, jouets, accessoires, etc.) qui sert alors de réservoir infectieux. Désinfectez soigneusement chaque objet avec de l'eau de Javel (1 partie d'eau de Javel pour 9 parties d'eau). Rincez à fond. Les résidus sont très irritants et dangereux pour le hamster.

### Remarques

- La teigne est une zoonose, c'est-à-dire qu'elle est transmissible à l'humain. Lavez-vous bien les mains après avoir manipulé un animal contagieux. Utilisez un savon à base de chlorexidine (Hibitane, produit facile à trouver en pharmacie).
- La teigne n'est pas fréquente chez le hamster. Le plus souvent, il est contaminé par d'autres animaux.
- Les champignons qui causent la teigne vivent mieux dans un environnement humide. L'état de santé d'un hamster malade peut empirer s'il réside dans une cage en plastique où le taux d'humidité est souvent plus élevé que dans une cage grillagée.

### Puces

Le hamster est très rarement parasité par des puces. Si vous en trouvez sur votre petit rongeur, il risque d'avoir été contaminé par un autre animal de la maison (chat qui vagabonde à l'extérieur). Nul besoin de contact direct entre les deux animaux pour que les puces se transmettent de l'un à l'autre. La puce est dotée de puissantes pattes qui lui permettent d'effectuer des sauts d'une hauteur impressionnante. Pas étonnant que votre demeure devienne rapidement infestée et que tous les animaux (même ceux en cage) reçoivent la visite de ce petit parasite effronté.

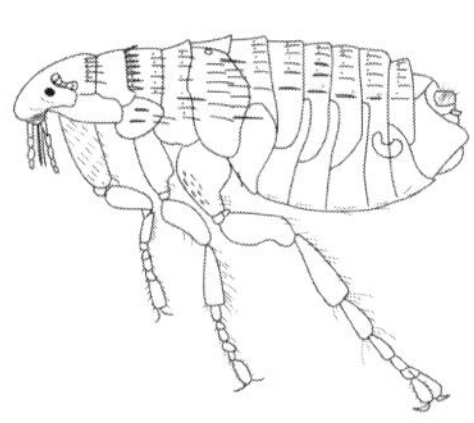

**Puce**

Les puces dérangent énormément les animaux qu'elles parasitent. Elles piquent pour se nourrir de sang et occasionnent d'importantes démangeaisons.

Pour détecter la présence de puces chez votre hamster, procédez de la façon suivante: tenez-le au-dessus d'un tissu blanc ou d'un essuie-tout. Frottez son dos avec votre index en prenant soin de bien soulever les poils. Cette manœuvre s'effectue en une quinzaine de secondes. Observez maintenant le tissu blanc à la recherche de petits grains noirs. S'il y en a, déposez une goutte d'eau dessus. S'ils deviennent rouges, ce sont des excréments de puces. S'ils demeurent noirs, ce n'était que du sable ou des saletés.

Vous pouvez faire ce test sur n'importe lequel de vos animaux. Si vous détectez la présence de puces sur un seul d'entre eux, vous devrez les traiter tous. Demandez conseil à votre vétérinaire, car la plupart des produits contre les puces peuvent être toxiques pour le hamster. Les produits à base de pyréthrine sont généralement sécuritaires, à condition que leur concentration soit adéquate et qu'ils soient appliqués avec modération. Les produits pour chatons sont généralement conseillés.

### Remarque

- Lorsqu'il y a des puces dans la maison, elles attaquent de préférence les animaux, mais il n'est pas impossible qu'elles piquent aussi les humains. La peau de certaines personnes est plus sensible et les lésions (points rouges) apparaissent généralement au bas des jambes. Traitez toutes les pièces de votre maison avec un produit reconnu et laissez bien sécher avant de permettre à vos animaux de réintégrer leur domaine.

### Mites d'oreilles

Très rares chez un hamster, les mites d'oreilles sont transmises par contact avec le chat ou le chien de la maison. Le parasite se localise principalement dans le conduit des oreilles, mais il vagabonde souvent sur tout le corps. Chez les hamsters mâles particulièrement, on peut en trouver au niveau des pieds, des organes génitaux et de la queue. Ce parasite se traite facilement. Demandez conseil à votre vétérinaire.

### Problèmes urinaires (révélés par du sang dans l'urine)

La présence de sang dans l'urine annonce toujours un problème. Parmi les causes possibles, on trouve les suivantes.

- La cystite : inflammation de la vessie causée par des bactéries. Elle se traite à l'aide d'antibiotiques.
- Les pierres urinaires (urolithiases) : elles sont de grosseurs variables. Elles causent énormément de douleur et d'irritation dans la vessie et entraînent souvent une infection secondaire. Il peut arriver que les pierres bloquent la sortie de l'urine et provoquent la mort de l'individu. Une radiographie est nécessaire pour confirmer le diagnostic, car les urolithiases ne sont pas toutes palpables. Le traitement est chirurgical et généralement très bien toléré par l'animal. Malheureusement, il y a possibilité de récidive.
- Les tumeurs de la vessie ou de l'utérus : elles sont parfois difficiles à diagnostiquer et à traiter.
- Les kystes ovariens : l'hystérectomie est le traitement de choix.

### Saignements vulvaires

Les hamsters femelles n'ont pas de menstruations. Les écoulements vulvaires de couleur rouge sont toujours anormaux. Les deux causes les plus probables sont :

- un foie très malade : la coagulation du sang ne se fait plus bien ;
- une tumeur de l'utérus ou des kystes ovariens : l'hystérectomie est recommandée.

## Rage

Comme tout animal à sang chaud, le hamster peut être infecté par le virus de la rage. Pour cela, il doit être mordu par un animal enragé, car le virus se transmet principalement par la salive contagieuse. Les rongeurs ne représentent toutefois pas un réservoir important de la maladie. Étant donné qu'il n'existe pas de vaccin pour les hamsters, il est recommandé de ne pas mettre votre protégé en présence d'animaux inconnus. Vous devriez consulter un médecin s'il vous mord. Il pourra juger s'il y a risque d'infection bactérienne secondaire. Vous ne pouvez être contaminé par le virus de la rage que si votre hamster a lui-même été mordu par un animal étranger infecté.

## Chorioméningite lymphocytaire

### Un virus inquiétant

On rencontre ce virus principalement chez les souris sauvages. Il est inquiétant, car il peut se transmettre aux humains et leur causer des ennuis de santé plus ou moins sérieux. Dans les laboratoires, les hamsters et les souris servent également de réservoir d'infection pour les humains. On rapporte des épisodes de contamination chez les personnes travaillant avec ces animaux. Par chance, la maladie est rare chez le hamster de compagnie issu de petits élevages.

Un hamster contagieux peut également contaminer ses congénères, d'autres rongeurs, les lapins et les primates.

### Manifestation de la maladie chez le hamster

La maladie peut prendre les deux formes suivantes.

- La forme asymptomatique : l'animal a l'air en santé, mais son organisme héberge le virus. Il est contagieux, car il excrète le virus de façon chronique dans ses urines, ses selles et sa salive. Le lait d'une femelle qui allaite contient aussi l'agent infectueux.
- La forme paralytique : l'animal paralyse progressivement et finit par décéder.

### Manifestation de la maladie chez l'humain

L'infection dure en moyenne de 2 à 4 semaines. Les symptômes initiaux ressemblent à ceux d'une grippe: gros ganglions, toux, fièvre, maux de tête, myalgie, maux de gorge. Puis apparaissent des signes d'atteinte du système nerveux central (méningite): rougeurs sur la peau, vomissements, diarrhée, photophobie, délire, amnésie. On rapporte quelques cas de mortalité.

### La prévention: la mesure la plus efficace

Il n'existe pas de médicaments pouvant contrôler les infections virales. Le système immunitaire d'une personne infectée doit se débarrasser par lui-même de l'agent infectieux. Seule chose à espérer: que le virus ne fasse pas trop de ravages.

### Mesures à prendre pour limiter les risques d'exposition

- Évitez de manipuler des rongeurs sauvages. Si vous devez absolument le faire, utilisez une paire de gants jetables.
- Prenez des précautions semblables lorsque vous devez manipuler un hamster paralysé.
- Votre vétérinaire doit examiner d'urgence votre hamster de compagnie s'il présente des troubles neurologiques ou des signes de paralysie. S'il le juge nécessaire, il procédera à des tests sanguins afin de détecter la présence du virus. Consultez votre médecin si votre hamster a contracté la chorioméningite lymphocytaire. Dans ce cas, l'euthanasie de l'animal est fortement conseillée.

## Amylose

Chez le hamster âgé, de l'amyloïde pénètre dans ses organes vitaux. L'amyloïde est une substance produite par l'organisme, riche en sucre et ressemblant à de l'amidon. Elle peut s'infiltrer dans différents tissus. Les organes principalement touchés sont:

- le rein,
- la rate,
- le foie,
- les glandes surrénales.

L'amyloïde n'est pas toxique en soi, mais elle endommage les organes où elle s'accumule. On détecte sa présence lorsque des symptômes concernant l'organe affecté apparaissent (par exemple, des signes de défaillance rénale: surproduction d'urine, soif intense). Parfois, on remarque seulement des signes généraux de malaise: anorexie, dos rond, poils en mauvais état et faiblesse. Une étude rapporte que 88 % des hamsters de plus de 18 mois sont atteints à des degrés divers et que la maladie est plus fréquente, plus sévère et plus précoce chez les femelles.

Il n'existe pas de traitement pour cette maladie. Seul le soulagement temporaire des symptômes est possible.

### Diabète

Cette maladie débilitante se rencontre surtout chez le vieux hamster et les espèces naines, chez lesquelles elle est héréditaire. Les premiers symptômes observés sont une soif intense et une production abondante d'urine. L'animal perd du poids malgré un appétit vorace. Il est sans énergie et apathique. Consultez votre vétérinaire pour soigner votre hamster et stabiliser son état de santé. Des tests sanguins et urinaires sont nécessaires pour confirmer le diagnostic.

### Hyperadrénocorticisme

Ce syndrome, encore mal connu chez le hamster, est causé par le mauvais fonctionnement d'une ou des deux glandes surrénales. Elles produisent alors une hormone (cortisol) en excès, ce qui provoque des signes cliniques caractéristiques:

- soif intense et surproduction d'urine,

- appétit accru,
- perte de poils,
- hyperpigmentation de la peau,
- amincissement de la peau,
- démangeaisons.

Il est possible de contrôler la maladie mais pas de la guérir. Demandez conseil à votre vétérinaire.

### Ostéochondrose

Les articulations des hamsters vieillissants s'usent plus ou moins rapidement. Chez certains, ce processus de vieillissement ne cause aucun inconfort. Mais pour d'autres, c'est une tout autre histoire. Vous remarquerez que votre vieux hamster se déplace plus lentement et n'effectue que les déplacements nécessaires. Ses articulations (surtout au niveau des genoux) sont raides et il ressent une douleur plus ou moins vive. On ne peut pas guérir l'ostéochondrose. On peut à tout le moins soulager l'animal en lui offrant un anti-inflammatoire. Administrez toujours ce médicament en suivant les recommandations de votre vétérinaire. Un surdosage peut être mortel chez un si petit animal.

### Microphtalmie

Si les yeux de votre hamster sont anormalement petits, il est atteint de microphtalmie. Le hamster qui a de minuscules globes oculaires ne souffre pas. Certains ont une vision normale, d'autres sont aveugles. Comme cette maladie est héréditaire, ne faites pas reproduire les hamsters qui ont ce problème. La microphtalmie est plus souvent diagnostiquée chez les hamsters blancs. L'anophtalmie (absence de globe oculaire) est aussi rencontrée à l'occasion. Étant donné qu'un hamster aveugle se débrouille très bien, il n'est pas nécessaire de faire euthanasier un individu ayant un handicap visuel.

### Cataracte

La cataracte est l'opacité totale ou partielle du cristallin qui se trouve juste derrière l'iris. Une tache grisâtre se forme au centre de l'œil et s'intensifie graduellement. Tout d'abord, la vue se voile, puis éventuellement il y a perte de la vision. La cataracte affecte un ou les deux yeux. Elle est soit:

- la complication d'une infection oculaire précédente;
- une complication du diabète;
- une conséquence d'une blessure à l'œil;
- une conséquence d'un défaut génétique.

Elle peut aussi être le résultat du processus de vieillissement normal du cristallin. Chez certains hamsters elle est héréditaire.

Un hamster atteint de cataracte peut très bien se débrouiller. La chirurgie consistant à l'enlever est une solution, mais l'intervention est délicate. Discutez-en avec votre vétérinaire.

### Entropion

L'entropion est un renversement de la paupière vers le globe oculaire. Les poils en contact avec l'œil occasionnent un inconfort plus ou moins important. Cette maladie serait héréditaire chez le hamster. Il est donc déconseillé de reproduire un individu atteint de ce handicap. La correction chirurgicale de l'entropion est possible.

### Glaucome

L'augmentation de la pression des liquides à l'intérieur de l'œil fait grossir le globe oculaire. C'est ce qu'on appelle le glaucome. Consultez votre vétérinaire d'urgence si un ou les deux yeux de votre hamster augmentent de volume. On peut parfois contrôler la maladie avec des médicaments. Dans le cas contraire, la vision est perdue et l'œil devra être enlevé. Le glaucome peut être dû à une blessure infligée à l'œil ou être héréditaire.

### Pathologies cardiaques

Les hamsters âgés sont communément atteints de pathologies cardiaques. Une dégénérescence du muscle du cœur (due à une cardiomyopathie ou une amylose) ainsi qu'un mauvais fonctionnement des valvules (avec formation secondaire de caillot sanguin dans l'oreillette gauche) sont responsables de l'apparition du malaise cardiaque. La plupart du temps, la condition passe inaperçue et le hamster décède subitement. Si toutefois votre animal montre des signes de faiblesse cardiaque, consultez rapidement votre vétérinaire. Un traitement est possible dans certains cas, mais il ne fait que contrôler les symptômes. La combinaison de deux médicaments est nécessaire : l'un d'eux augmente la force de contraction du muscle du cœur et l'autre aide à éliminer les liquides indésirables qui se sont accumulés dans les poumons et l'abdomen. Il est utile de rajouter un médicament ayant pour fonction d'éclaircir le sang.

L'incapacité d'un cœur malade à pomper efficacement tout le sang qui arrive provoque des refoulements au niveau des poumons et du foie. Du liquide s'accumule dans les poumons (d'où l'expression « avoir de l'eau sur les poumons »), le foie se gorge de sang, grossit et est responsable de l'accumulation de liquide (ascite) dans l'abdomen. Un hamster au cœur malade aura un ou plusieurs des symptômes suivants :

- fatigue, léthargie ;
- intolérance à l'effort ;
- perte de poids ;
- gros abdomen ;
- difficulté à respirer ;
- toux (surtout la nuit) ;
- extrémités froides, pâles ou bleutées ;
- mort subite.

L'auscultation cardiaque et la radiographie du thorax permettent de poser le diagnostic. L'échographie du cœur et l'électrocardiogramme sont parfois utilisés chez les grands animaux, mais pas chez le hamster. Il est vraiment trop petit!

Le taux de survie sans médicament est d'environ une semaine après l'apparition des symptômes.

**Petites attentions pour le hamster cardiaque**

- Évitez les aliments contenant du sel.
- Évitez le stress.
- Évitez les jeux fatigants (enlevez sa roue d'exercice).
- Gardez votre hamster dans un environnement tempéré. Les températures chaudes sont très incommodantes, surtout si le taux d'humidité est élevé.

### Remarques

- Les maladies cardiaques touchent plus souvent les femelles, chez qui elles apparaissent tôt. Il semblerait que les hormones mâles ont un certain effet protecteur, puisque les hamsters castrés sont plus souvent affectés par les problèmes cardiaques.
- Des chercheurs ont développé par consanguinité une lignée de hamsters blancs qui développent une défaillance cardiaque sévère dès leur jeune âge. On les utilise souvent comme modèle de recherche pour les maladies cardiaques chez les humains. Il arrive parfois que certains se retrouvent dans des animaleries.

## Calcification indésirable des vaisseaux sanguins

Parfois, du calcium se dépose en grande quantité sur la paroi de certains vaisseaux sanguins. L'aorte et les artères coronaires sont souvent touchées mais aussi les vaisseaux des reins, du système digestif, des poumons ou autres organes. La maladie évolue et provoque la défaillance de l'organe atteint. On ne connaît pas encore la cause exacte de cette maladie. Il s'agirait peut-être d'un dérèglement au niveau de la glande parathyroïde (elle participe au contrôle du calcium dans l'organisme) ou d'une alimentation trop riche en calcium. Certains auteurs croient qu'elle serait héréditaire.

En prévention, donnez à votre hamster une alimentation équilibrée et ne faites pas reproduire les individus dont les parents sont morts de cette maladie.

### Tumeurs

Le hamster peut souffrir de tumeurs. La plupart sont bénignes et concernent le système digestif et endocrinien. On trouve aussi des mélanomes des glandes des flancs et des adénomes des glandes mammaires. Il existe même un papovavirus spécifique aux hamsters; il cause une tumeur kératinisée des follicules pileux appelée épithélioma. Cette tumeur apparaît généralement chez les jeunes de 3 mois à 1 an. On estime qu'environ 3 % des individus en laboratoire en sont atteints. Il est raisonnable de croire que cette maladie n'est pas fréquente chez le hamster de compagnie. Quel que soit le type de cancer, consultez votre vétérinaire.

## Convalescence

Si votre hamster a subi une chirurgie ou s'il est incommodé par une infection, il aura besoin de vos bons soins pour se rétablir rapidement. Le but de la convalescence est de procurer à l'animal un environnement des plus confortables, de lui prodiguer tous les soins nécessaires et de s'assurer qu'il se nourrit adéquatement.

### Pour une convalescence heureuse...

- Gardez le hamster dans un endroit calme et tempéré (20 °C à 25 °C ou 68 °F à 77 °F).
- S'il est frileux, installez un coussin chauffant sous sa cage, ce sera fort apprécié. Ne le placez jamais directement à l'intérieur, car le hamster

pourrait se brûler ou s'électrocuter en rongeant le fil. Une ampoule électrique peut également faire l'affaire. Il suffit de la placer à environ 15 cm (6 po) de la cage. Ainsi, un gradient de température est créé et le hamster peut choisir sa zone de confort. Vérifiez fréquemment la cage. Une ampoule placée trop près peut surchauffer dangereusement l'environnement.

- Assurez-vous que le hamster s'alimente adéquatement. Faites-le boire au compte-gouttes si nécessaire. Vous pouvez lui offrir les boissons utilisées par les sportifs pour se réhydrater (Gatorade) ou pour les enfants atteints de diarrhée (gastrolyte, pedialyte). Elles remplacent avantageusement l'eau. Demandez conseil à votre pharmacien.
- Le hamster malade perd rapidement du poids. Son appétit est parfois capricieux. N'hésitez pas à le gâter en lui offrant des aliments très appétissants. Comme chaque hamster a ses préférences, ce qui fait plaisir à l'un peut laisser l'autre tout à fait indifférent.

  Exemples:
  - mélange de graines et grains saupoudré de poudre vitaminée (trouvée en animalerie);
  - beurre d'arachide additionné de poudre vitaminée;
  - purée de légumes ou de fruits pour bébé donné au compte-gouttes.
- Dans le cas de blessures ou d'opération, gardez la plaie de votre hamster propre et vérifiez-la quotidiennement. Comme les hamsters se toilettent beaucoup et qu'ils possèdent des incisives coupantes, il arrive souvent qu'ils coupent leurs points de suture. Consultez votre vétérinaire si la plaie, privée de ses points, s'ouvre, ne serait-ce que partiellement. Un vétérinaire qui connaît les habitudes des hamsters pensera à fermer la plaie avec des points sous-cutanés en plus de ceux visibles sur la peau.
- Le hamster très malade ne se lave presque plus. Il appréciera de se faire lisser les poils avec une serviette humide. Ne le mouillez pas

trop, il pourrait souffrir d'un refroidissement. Lorsqu'il recommence à se toiletter lui-même, c'est qu'il commence à se sentir mieux. C'est bon signe.

- Administrez les médicaments tels que prescrits, et cela jusqu'à la fin du traitement.
- N'appliquez pas de crèmes antibiotiques – spécialement celles contenant des corticostéroïdes – pour humains ou pour chien ou chat sur une blessure cutanée de hamster. Comme il se toilette fréquemment, il avalera le médicament. Vu la petite taille de l'animal, une infime quantité suffit pour l'intoxiquer. N'utilisez que les crèmes prescrites par votre vétérinaire.
- N'hésitez pas à communiquer de nouveau avec votre vétérinaire pour toutes questions concernant l'évolution de l'état de santé de votre hamster.

### Administration de médicaments

Enveloppez le hamster dans une serviette et injectez le mélange dans sa bouche à l'aide d'un compte-gouttes ou d'une seringue.

## CARNET DE SANTÉ

| Photographie de votre hamster | Nom de votre hamster : ____________ |
|---|---|
| | Date de naissance : ____________ |
| | Sexe : ____________ |
| | Couleur : ____________ |

Marques particulières : ____________

Nom de son vétérinaire : ____________

Adresse de la clinique :

____________

____________

____________

____________

Numéro de téléphone
de la clinique : ____________

## FICHE MÉDICALE

Visites chez le vétérinaire :

| Date | Poids | Diagnostic/Traitements/Recommandations |
| --- | --- | --- |
| | | |
| | | |
| | | |
| | | |
| | | |
| | | |
| | | |
| | | |
| | | |
| | | |
| | | |

CHAPITRE X

# Un nom pour votre hamster

Abigaël
Acacia
Adèle
Aki
Alex
Alphée
Aramis
Balou
Bandit
Bécassine
Becky
Ben
Bianca
Billy
Blaise
Bob
Boubou
Bouddha
Bouton
Buddy
Bulle
Calico
Cammy
Capucine
Caramel
Carlos
Carmen
Casper
Cassis
Champagne
Chanel
Charlie
Charlot
Chiffon
Chispita
Chiva
Ciboulette
Cloé
Coco
Coquette
Coquin
Coquine
Cypolin
Daisy
Dixie
Écho
Elsa
Émilie
Ernest
Félix
Fiona
Fivel
Firmin
Frimousse
Frip
Frisette
Frisson
Fritz
Fusin
Gamin
Gamine
Gaston
Geisha
Georges
Gino
Gizmo
Goglu
Gustave
Henri
Hobo
Horace
Iris
Jack
Jacomo
Jade
Jérémie
Jimmy
Joséphine
Junior
Kaiser

Kali
Katou
Kelly
Kiki
Kiwi
Kouki
Kovou
Kristel
Laïse
Lili
Loulou
Mammouth
Mamour
Maurice
Max
Maya
Mélita
Micha
Mickey
Mik
Mimi
Mini
Mistigri
Moka
Mollie
Mouska
Mousse
Muffin
Mushi
Nellie
Nik
Octave
Olivier
Omar
Oréo
Oscar
Pacha
Papousse
Pappy
Patou
Pedro
Picasso
Pik
Pixie
Pistache
Plouf
Pluton
Pollux
Poutchie
Pralina
Puce
Radja
Ralf
Rica
Robert
Ronie
Sam
Sammy
Saphir
Scott
Sésame
Skippy
Stuart
Sushi
Tacha
Tammy
Tamteur
Tatou
Théo
Ti-Pou
Tison
Tito
Toby
Tom
Topaz
Toudou
Trixie
Vanille
Veda
Virgule
Willy
Windy
Yaki
Yan
Zak
Zazette
Zelda
Zirba
Zora

# Table des matières

LES ÉDITIONS DE L'HOMME

## Affaires et vie pratique

**26 stratégies pour garder ses meilleurs employés,** Beverly Kaye et Sharon Jordan-Evans
* **1001 prénoms, leur origine, leur signification,** Jeanne Grisé-Allard
**100 stratégies pour doubler vos ventes,** Robert L. Riker
* **Acheter et vendre sa maison ou son condominium,** Lucille Brisebois
* **Acheter une franchise,** Pierre Levasseur
**À la retraite, re-traiter sa vie,** Lucie Mercier
* **Les annuelles en pots et au jardin,** Albert Mondor
* **Les assemblées délibérantes,** Francine Girard
* **La bible du potager,** Edward C. Smith
**Le bon mot — Déjouer les pièges du français,** Jacques Laurin
* **Bonne nouvelle, vous êtes engagé!,** Bill Marchesin
* **La bourse,** Mark C. Brown
* **Bricoler pour les oiseaux,** France et André Dion
* **Le chasse-insectes dans la maison,** Odile Michaud
* **Le chasse-insectes pour jardins,** Odile Michaud
* **Le chasse-taches,** Jack Cassimatis
* **Choix de carrières — Après le collégial professionnel,** Guy Milot
* **Choix de carrières — Après le secondaire V,** Guy Milot
* **Choix de carrières — Après l'université,** Guy Milot
**Clicking,** Faith Popcorn
* **Comment cultiver un jardin potager,** Jean-Claude Trait
**Comment lire dans les feuilles de thé,** William W. Hewitt
**Comment rédiger son curriculum vitæ,** Julie Brazeau
**Comment voir et interpréter l'aura,** Ted Andrews
* **Comprendre le marketing,** Pierre Levasseur
**La conduite automobile,** Francine Levesque
**La couture de A à Z,** Rita Simard
**Découvrir la flore forestière,** Michel Sokolyk
* **Des bulbes en toutes saisons,** Pierre Gingras
**Des pierres à faire rêver,** Lucie Larose
* **Des souhaits à la carte,** Clément Fontaine
* **Devenir exportateur,** Pierre Levasseur
* **Écrivez vos mémoires,** S. Liechtele et R. Deschênes
* **L'entretien de votre maison,** Consumer Reports Books
* **L'étiquette des affaires,** Elena Jankovic
* **EVEolution,** Faith Popcorn et Lys Marigold
* **Faire son testament,** M^e^ Gérald Poirier et Martine Nadeau
* **Fleurs de villes,** Benoit Prieur
* **Fleurs sauvages du Québec,** Estelle Lacoursière et Julie Therrien
* **La généalogie,** Marthe F.-Beauregard et Ève B.-Malak
* **Gérer ses ressources humaines,** Pierre Levasseur
* **Les graminées,** Sandra Barone et Friedrich Oehmiche
**Le grand livre de l'harmonie des couleurs,** Collectif
* **Le grand livre des vivaces,** Albert Mondor
**La graphologie en 10 leçons,** Claude Santoy
* **Le guide Bizier et Nadeau,** R. Bizier et R. Nadeau
* **Le guide de l'auto 2001,** J. Duval et D. Duquet
* **Guide complet du bricolage et de la rénovation,** Black & Decker
* **Guide des arbres et des plantes à feuillage décoratif,** Benoit Prieur
* **Guide des fleurs pour les jardins du Québec,** Benoit Prieur

* **Le guide des plantes d'intérieur,** Coen Gelein
* **Guide des plantes pour la maison,** Benoit Prieur
* **Guide des voitures anciennes tome I et tome II,** J. Gagnon et C. Vincent
* **Guide du jardinage et de l'aménagement paysager au Québec,** Benoit Prieur
* **Guide du potager,** Benoit Prieur
* **Le guide du savoir-écrire,** Jean-Paul Simard
* **Le guide du vin 2001,** Michel Phaneuf
* **Guide gourmand 97 — Les 100 meilleurs restaurants de Montréal,** Josée Blanchette
* **Guide gourmand — Les bons restaurants de Québec — Sélection 1996,** D. Stanton
* **Le guide Mondoux,** Yves Mondoux

**Guide pratique des premiers soins,** Raymond Kattar
**Guide pratique des vins d'Italie,** Jacques Orhon
* **Guide Prieur saison par saison,** Benoit Prieur
* **Les hémérocalles,** Benoit Prieur

**L'île d'Orléans,** Michel Lessard
* **J'aime les azalées,** Josée Deschênes
* **J'aime les bulbes d'été,** Sylvie Regimbal

**J'aime les cactées,** Claude Lamarche
* **J'aime les conifères,** Jacques Lafrenière
* **J'aime les petits fruits rouges,** Victor Berti

**J'aime les rosiers,** René Pronovost
* **J'aime les tomates,** Victor Berti
* **J'aime les violettes africaines,** Robert Davidson

**J'apprends l'anglais…,** Gino Silicani et Jeanne Grisé-Allard
**Le jardin d'herbes,** John Prenis
* **Jardins d'ombre et de lumière,** Albert Mondor

**Les jardins fleuris d'oiseaux,** France et André Dion
* **Lancer son entreprise,** Pierre Levasseur
* **La loi et vos droits,** M^e^ Paul-Émile Marchand

**Ma grammaire,** Roland Jacob et Jacques Laurin
* **Mariage, étiquette et planification,** Suzanne Laplante
* **Le meeting,** Gary Holland

**La menuiserie,** Black & Decker
**Mieux connaître les vins du monde,** Jacques Orhon
**Le nouveau guide des vins de France,** Jacques Orhon
* **Nouveaux profils de carrière,** Claire Landry

**L'orthographe en un clin d'œil,** Jacques Laurin
* **Ouvrir et gérer un commerce de détail,** C. D. Roberge et A. Charbonneau
* **Passage obligé,** Charles Sirois
* **Le patron,** Cheryl Reimold
* **Le petit Paradis,** France Paradis
* **La planification fiscale étape par étape,** Diane Blais et Michel Lanteigne
* **Prévoir les belles années de la retraite,** Michael Gordon

**Le principe 80/20,** Richard Koch
**Le rapport Popcorn,** Faith Popcorn
* **Les secrets d'une succession sans chicane,** Justin Dugal

**La taxidermie moderne,** Jean Labrie
* **Les techniques de jardinage,** Paul Pouliot

**Techniques de vente par téléphone,** James D. Porterfield
* **Tests d'aptitude pour mieux choisir sa carrière,** Linda et Barry Gale
* **Tout ce que vous devez savoir sur le condominium,** Robert Dubois

**Les travaux d'électricité,** Black & Decker
**Une carrière sur mesure,** Denise Lemyre-Desautels
**L'univers de l'astronomie,** Robert Tocquet
**Un paon au pays des pingouins,** B. Hateley et W. H. Schmidt
**La vente,** Tom Hopkins
**Votre destinée dans les lignes de la main,** Michel Morin

## Affaires publiques, vie culturelle, histoire

**L'affiche au Québec — Des origines à nos jours,** Marc H. Choko
**Aller-retour au pays de la folie,** S. Cailloux-Cohen et Luc Vigneault
* **Antiquités du Québec — Objets anciens,** Michel Lessard
* **Apprécier l'œuvre d'art,** Francine Girard
* **Autopsie d'un meurtre,** Rick Boychuk
* **Avec un sourire,** Gilles Latulippe
* **La baie d'Hudson,** Peter C. Newman
* **Banque Royale,** Duncan McDowall
* **Boum Boum Geoffrion,** Bernard Geoffrion et Stan Fischler
**Le cercle de mort,** Guy Fournier
* **Claude Léveillée,** Daniel Guérard
* **Les conquérants des grands espaces,** Peter C. Newman
* **Dans la fosse aux lions,** Jean Chrétien
* **Dans les coulisses du crime organisé,** A. Nicaso et L. Lamothe
* **Le déclin de l'empire Reichmann,** Peter Foster
* **De Dallas à Montréal,** Maurice Philipps
* **Deux verdicts, une vérité,** Gilles Perron et Daniel Daignault
* **Les écoles de rang au Québec,** Jacques Dorion
* **Enquête sur les services secrets,** Normand Lester
* **Étoiles et molécules,** Élizabeth Teissier et Henri Laborit
**La généalogie,** Marthe F. Beauregard et Ève B. Malak
**Gilles Villeneuve,** Gerald Donaldson
**Gretzky — Mon histoire,** Wayne Gretzky et Rick Reilly
* **Les insolences du frère Untel,** Jean-Paul Desbiens
* **Jacques Normand,** Robert Gauthier
* **Jacques Parizeau, un bâtisseur,** Laurence Richard
* **Les liens du sang,** Antonio Nicaso et Lee Lamothe
* **La maison au Québec,** Yves Laframboise
* **Marcel Tessier raconte…,** Marcel Tessier
* **Maurice Duplessis,** Conrad Black
**Meubles anciens du Québec,** Michel Lessard
* **Moi, Mike Frost, espion canadien…,** Mike Frost et Michel Gratton
* **Montréal au XX<sup>e</sup> siècle — regards de photographes,** Collectif dirigé par Michel Lessard
**Montréal — les lumières de ma ville,** Yves Marcoux et Jacques Pharand
**Montreal, the lights of my city,** Jacques Pharand et Yves Marcoux
**Montréal, métropole du Québec,** Michel Lessard
* **Les mots de la faim et de la soif,** Hélène Matteau
* **Notre Clémence,** Hélène Pedneault
* **Objets anciens du Québec — La vie domestique,** Michel Lessard
* **Option Québec,** René Lévesque
**Parce que je crois aux enfants,** Andrée Ruffo
**Paul-Émile Léger tome 1. Le Prince de l'Église,** Micheline Lachance
**Paul-Émile Léger tome 2. Le dernier voyage,** Micheline Lachance
**Paul-Émile Léger - coffret 2 volumes,** Micheline Lachance
* **Pierre Daignault, d'IXE-13 au père Ovide,** Luc Bertrand
* **Plamondon — Un cœur de rockeur,** Jacques Godbout
* **Pleins feux sur les… services secrets canadiens,** Richard Cléroux
* **Pleurires,** Jean Lapointe
**Prisonnier à Bangkok,** Alain Olivier et Normand Lester
**Quebec, city of light,** Michel Lessard et Claudel Huot
**Québec from the air,** Pierre Lahoud et Henri Dorion
**Québec, ville de lumière,** Michel Lessard et Claudel Huot
**Québec, ville du Patrimoine mondial,** Michel Lessard
**Le Québec vu du ciel,** Pierre Lahoud et Henri Dorion
* **Les Quilico,** Ruby Mercer
**René Lévesque, portrait d'un homme seul,** Claude Fournier

**Riopelle,** Robert Bernier
**Sauvez votre planète !,** Marjorie Lamb
* **Saveurs des campagnes du Québec,** Jacques Dorion
* **La sculpture ancienne au Québec,** John R. Porter et Jean Bélisle
**Sir Wilfrid Laurier,** Laurier L. Lapierre
**La stratégie du dauphin,** Dudley Lynch et Paul L. Kordis
**Syrie terre de civilisations,** Michel Fortin
* **Le temps des fêtes au Québec,** Raymond Montpetit
* **Trudeau le Québécois,** Michel Vastel
* **Un amour de ville,** Louis-Guy Lemieux
* **Un siècle de peinture au Québec,** Robert Bernier
**Villages pittoresques du Québec,** Yves Laframboise

## Animaux

* **Le chien dans votre vie,** Matthew Margolis et Catherine Swan
**Chiens hors du commun,** Dr Joël Dehasse
**L'éducation du chien,** Dr Joël Dehasse et Dr Colette de Buyser
* **Encyclopédie des oiseaux du Québec,** W. Earl Godfrey
* **Guide des oiseaux saison par saison,** André Dion et Michel Sokolyk
**Le monde fascinant des oiseaux,** Rebecca Rupp
* **Nos animaux,** D. W. Stokes et L. Q. Stokes
* **Nos oiseaux, tome I,** Donald W. Stokes
* **Nos oiseaux, tome II,** Donald W. Stokes et Lillian Q. Stokes
* **Nos oiseaux, tome III,** Donald W. Stokes et Lillian Q. Stokes
* **Nourrir nos oiseaux toute l'année,** André Dion et André Demers
**La palette sauvage d'Audubon,** David M. Lank
* **Papillons et chenilles du Québec et de l'est du Canada,** Jean-Paul Laplante
**Vous et vos oiseaux de compagnie,** Jacqueline Huard-Viaux
**Vous et vos poissons d'aquarium,** Sonia Ganiel
**Vous et votre bâtard,** Ata Mamzer
**Vous et votre Beagle,** Martin Eylat
**Vous et votre Beauceron,** Pierre Boistel
**Vous et votre Berger allemand,** Martin Eylat
**Vous et votre Bernois,** Pierre Van Der Heyden
**Vous et votre Bobtail,** Pierre Boistel
**Vous et votre Boxer,** Sylvain Herriot
**Vous et votre Braque allemand,** Martin Eylat
**Vous et votre Briard,** Pierre Van Der Heyden
**Vous et votre Bulldog,** Pierre Van Der Heyden
**Vous et votre Bullmastiff,** Pierre Van Der Heyden
**Vous et votre Caniche,** Sav Shira
**Vous et votre Chartreux,** Odette Eylat
**Vous et votre chat de gouttière,** Annie Mamzer
**Vous et votre chat tigré,** Odette Eylat
**Vous et votre Chihuahua,** Martin Eylat
**Vous et votre Chow-chow,** Pierre Boistel
**Vous et votre Cockatiel (Perruche callopsite),** Michèle Pilotte
**Vous et votre Collie,** Léon Éthier
**Vous et votre Dalmatien,** Martin Eylat
**Vous et votre Danois,** Martin Eylat
**Vous et votre Doberman,** Paula Denis
**Vous et votre Épagneul breton,** Sylvain Herriot
**Vous et votre furet,** Manon Paradis
**Vous et votre Husky,** Martin Eylat
**Vous et votre Labrador,** Pierre Van Der Heyden
**Vous et votre Lévrier afghan,** Martin Eylat

**Vous et votre lézard,** Michèle Pilotte
**Vous et votre Loulou de Poméranie,** Martin Eylat
**Vous et votre perroquet,** Michèle Pilotte
**Vous et votre perruche ondulée,** Michèle Pilotte
**Vous et votre petit rongeur,** Martin Eylat
**Vous et votre Rottweiler,** Martin Eylat
**Vous et votre Schnauzer,** Martin Eylat
**Vous et votre serpent,** Guy Deland
**Vous et votre Setter anglais,** Martin Eylat
**Vous et votre Siamois,** Odette Eylat
**Vous et votre Teckel,** Pierre Boistel
**Vous et votre Terre-Neuve,** Marie-Edmée Pacreau
**Vous et votre Tervueren,** Pierre Van Der Heyden
**Vous et votre tortue,** André Gaudette
**Vous et votre Westie,** Léon Éthier
**Vous et votre Yorkshire,** Sandra Larochelle

## Plein air, sports, loisirs

* **30 ans de photos de hockey,** Denis Brodeur
* **L'ABC du bridge,** Frank Stewart et Randall Baron
* **Almanach chasse et pêche 93,** Alain Demers
**L'arc et la chasse,** Greg Guardo
* **Les armes de chasse,** Charles Petit-Martinon
**Les armes de chasse et de tir,** Jean-Georges DesChenaux
**L'art du pliage du papier,** Robert Harbin
**Astrologie 2001,** Andrée D'Amour
**Astrologie 2002,** Andrée D'Amour
**La basse sans professeur,** Laurence Canty
**La batterie sans professeur,** James Blades et Johnny Dean
**Beautés sauvages du Québec,** H. Wittenborn et A. Croteau
**Les bons cigares,** H. Paul Jeffers et Kevin Gordon
**Le bridge,** Viviane Beaulieu
**Carte et boussole,** Björn Kjellström
**Le chant sans professeur,** Graham Hewitt
* **Charlevoix,** Mia et Klaus
* **Circuits pittoresques du Québec,** Yves Laframboise
**La clarinette sans professeur,** John Robert Brown
**Le clavier électronique sans professeur,** Roger Evans
**Comment vaincre la peur de l'eau...,** R. Zumbrunnen et J. Fouace
**Le golf après 50 ans,** Jacques Barrette et D^r^ Pierre Lacoste
* **Les clés du scrabble,** Pierre-André Sigal et Michel Raineri
**Corrigez vos défauts au golf,** Yves Bergeron
* **Le curling,** Ed Lukowich
* **De la hanche aux doigts de pieds — Guide santé pour l'athlète,** M. J. Schneider et M. D. Sussman
* **Devenir gardien de but au hockey,** François Allaire
* **Les éphémères du pêcheur québécois,** Yvon Dulude
**L'esprit de l'aïkido,** Massimo N. di Villadorata
* **Exceller au softball,** Dick Walker
* **Exceller au tennis,** Charles Bracken
* **Les Expos,** Denis Brodeur et Daniel Caza
**La flûte à bec sans professeur,** Alain Bergeron
**La flûte traversière sans professeur,** Howard Harrison
* **Les gardiens de but au hockey,** Denis Brodeur
**Le golf au féminin,** Yves Bergeron et André Maltais
**Le grand livre des patiences,** Pierre Crépeau
**Le grand livre des sports,** Le groupe Diagram

**Les grands du hockey,** Denis Brodeur
**Les grands noms du jazz,** Christophe Rodriguez
* **Guide complet de la couture,** collectif
**Le guide complet du judo,** Louis Arpin
**Le guide complet du self-defense,** Louis Arpin
* **Le guide de la chasse,** Jean Pagé
* **Guide de la forêt québécoise,** André Croteau
* **Le guide de la pêche au Québec,** Jean Pagé
**Guide de mise en forme,** P. Anctil, G. Thibault et P. Bergeron
* **Le guide des auberges et relais de campagne du Québec,** François Trépanier
* **Guide des jeux scouts,** Association des Scouts du Canada
**Le guide de survie de l'armée américaine,** Collectif
**Guide d'orientation avec carte, boussole et GPS,** Paul Jacob
**Guide pratique de survie en forêt,** Jean-Georges Deschenaux
**La guitare électrique sans professeur,** Robert Rioux
**La guitare sans professeur,** Roger Evans
**L'harmonica sans professeur,** Alain Lamontagne et Michel Aubin
* **Les Îles-de-la-Madeleine,** Mia et Klaus
* **Initiation à l'observation des oiseaux,** Michel Sokolyk
* **Jacques Villeneuve,** Gianni Giansanti
* **J'apprends à nager,** Régent la Coursière
* **Le Jardin botanique,** Mia et Klaus
* **Je me débrouille à la chasse,** Gilles Richard
* **Je me débrouille à la pêche,** Serge Vincent
* **Jeux cocasses au vieux Forum,** Denis Brodeur et Jacques Thériault
**Jeux de puissance au hockey,** Charles Thiffault
* **Jeux pour rire et s'amuser en société,** Claudette Contant
**Jouer au golf sans viser la perfection,** Bob Rotella et Bob Cullen
**Jouons au scrabble,** Philippe Guérin
**Le karaté Koshiki,** Collectif
**Le karaté Kyokushin,** André Gilbert
* **Leçons de golf,** Claude Leblanc
**Le livre des patiences,** Maria Bezanovska et Paul Kitchevats
**Le livre du billard,** Pierre Morin
* **Manon Rhéaume,** Chantal Gilbert
**Manuel de pilotage,** Transport Canada
**Le manuel du monteur de mouches,** Mike Dawes
**Le marathon pour tous,** Pierre Anctil, Daniel Bégin et Patrick Montuoro
* **Mario Lemieux,** Lawrence Martin
* **Maurice Richard,** Craig Macinnis
**La médecine sportive,** Dr Gabe Mirkin et Marshall Hoffman
**Mouvements d'antigymnastique,** Marie Lise Labonté
* **La musculation pour tous,** Serge Laferrière
* **La nature en hiver,** Donald W. Stokes
* **Nos oiseaux en péril,** André Dion
**L'ouverture aux échecs pour tous,** Camille Coudari
* **Les papillons du Québec,** Christian Veilleux et Bernard Prévost
**Parlons franchement des enfants et du sport,** J. E. LeBlanc et L. Dickson
**Pêcher la truite à la mouche,** Collectif
* **La photographie sans professeur,** Jean Lauzon
**Le piano jazz sans professeur,** Bob Kail
**Le piano sans professeur,** Roger Evans
**La planche à voile,** Gérald Maillefer
**La plongée sous-marine,** Richard Charron et Michel Lavoie
**Poker !,** Martin Dupras
**Pour l'amour du ciel,** Bernard R. Parker
* **Les Québécois à Lillehammer,** Bernard Brault et Michel Marois
* **Racquetball,** Jean Corbeil

* **Racquetball plus,** Jean Corbeil
**The St. Lawrence, the untamed beauty of the great river,** Jean-François Hamel et Annie Mercier
* **Rivières et lacs canotables du Québec,** Fédération québécoise du canot-camping
**Le Saint-Laurent : beautés sauvages du grand fleuve,** Jean-François Hamel et Annie Mercier
**Le Saint-Laurent, un fleuve à découvrir,** Marie-Claude Ouellet
**S'améliorer au tennis,** Richard Chevalier
* **Le saumon,** Jean-Paul Dubé
**Le saxophone sans professeur,** John Robert Brown
* **Le scrabble,** Daniel Gallez
**Les secrets du blackjack,** Yvan Courchesne
**Le solfège sans professeur,** Roger Evans
* **Sylvie Fréchette,** Lilianne Lacroix
**La technique du ski alpin,** Stu Campbell et Max Lundberg
**Techniques du billard,** Robert Pouliot
* **Le tennis,** Denis Roch
* **Tiger Woods,** Tim Rosaforte
* **Le tissage,** Germaine Galerneau et Jeanne Grisé-Allard
**Tous les secrets du golf selon Arnold Palmer,** Arnold Palmer
**365 activités à faire après l'école,** Cynthia MacGregor
**La trompette sans professeur,** Digby Fairweather
* **Les vacances en famille : comment s'en sortir vivant,** Erma Bombeck
**Villeneuve — Ma première saison en Formule 1,** J. Villeneuve et G. Donaldson
**Le violon sans professeur,** Max Jaffa
**Voir plus clair aux échecs,** Henri Tranquille et Louis Morin
**Le volley-ball,** Fédération de volley-ball

le jour, éditeur

## Affaires, loisirs, vie pratique

* **L'affrontement,** Henri Lamoureux
* **Les bains flottants,** Michael Hutchison
* **Conte pour buveurs attardés,** Michel Tremblay
* **La France à la québécoise,** André Bergeron et Émile Roberge
* **Le guide du répondeur bien branché,** Robert Blondin et Lucie Dumoulin
* **J'avais oublié que l'amour fût si beau,** Évette Doré-Joyal
* **Jean-Paul ou les hasards de la vie,** Marcel Bellier
* **Oslovik fait la bombe,** Oslovik
* **Questions réponses sur vos droits et recours,** François Huot

## Animaux

**L'amstaff (American Staffordshire terrier),** Dr Joël Dehasse
**Attirer les oiseaux, les loger, les nourrir,** André Dion
**Le bâtard,** Dr Joël Dehasse
**Le beagle,** Dr Joël Dehasse
**Le berger allemand,** Dr Joël Dehasse
**Le berger belge,** Dr Joël Dehasse
**Le bichon frisé,** Dr Joël Dehasse
**Le bichon maltais,** Dr Joël Dehasse
**Le bobtail,** Dr Joël Dehasse

**Le bouvier bernois,** D$^{r}$ Joël Dehasse
**Le bouvier des flandres,** D$^{r}$ Joël Dehasse
**Le boxer,** D$^{r}$ Joël Dehasse
**Le braque allemand,** D$^{r}$ Joël Dehasse
**Le braque de Weimar,** D$^{r}$ Joël Dehasse
**Le cairn terrier**, D$^{r}$ Joël Dehasse
**Le caniche,** D$^{r}$ Joël Dehasse
**Les caniches nains et moyens,** D$^{r}$ Joël Dehasse
**Le cavalier King Charles,** D$^{r}$ J. Dehasse
**Le chat de gouttière,** Nadège Devaux
**Le chat himalayen,** Nadège Devaux
**Chats hors du commun,** D$^{r}$ Joël Dehasse
**Chiens hors du commun,** D$^{r}$ Joël Dehasse
**Le chinchilla,** Manon Tremblay
**Le chow-chow,** D$^{r}$ Joël Dehasse
**Le cochon d'Inde,** Michèle Pilotte
**Le cockatiel (perruche callopsite),** Michèle Pilotte
**Le cocker américain,** D$^{r}$ Joël Dehasse
**Le cocker spaniel,** Dr Joël Dehasse
**Le colley,** D$^{r}$ Joël Dehasse
**Le dalmatien,** D$^{r}$ Joël Dehasse
**Le doberman,** D$^{r}$ Joël Dehasse
**Le dogue allemand (le danois),** D$^{r}$ Joël Dehasse
**L'éducation du chat,** D$^{r}$ Joël Dehasse
**L'éducation du chien,** D$^{r}$ Joël Dehasse
**L'épagneul breton,** D$^{r}$ Joël Dehasse
**Le fox-terrier à poil dur,** D$^{r}$ Joël Dehasse
**Le furet,** Manon Tremblay
**Le golden retriever,** D$^{r}$ Joël Dehasse
**Le husky,** D$^{r}$ Joël Dehasse
**Les inséparables,** Michèle Pilotte
**Le Jack Russell terrier,** D$^{r}$ Joël Dehasse
**Le labrador,** D$^{r}$ Joël Dehasse
**Le lapin,** Manon Tremblay
**Le lézard,** Michèle Pilotte
**Le lhassa apso,** D$^{r}$ Joël Dehasse
**Mon chien est bien élevé,** D$^{r}$ Joël Dehasse
**Mon chien est-il dominant?** D$^{r}$ Joël Dehasse
**Mon chien est propre,** Audrey Carr et Lou Ellen Davis
**Mon jeune chien a des problèmes,** D$^{r}$ Joël Dehasse
**Nourrir les oiseaux dans sa main,** Hugh Wiberg
**Le perroquet,** Michèle Pilotte
**Le persan chinchilla,** Nadège Devaux
**Les persans,** Nadège Devaux
**Les pinsons,** Michèle Pilotte
**Le pit-bull,** D$^{r}$ Joël Dehasse
**Le rat,** Manon Tremblay
**Le rottweiler,** D$^{r}$ Joël Dehasse
**Le saint-bernard,** D$^{r}$ Joël Dehasse
**Les schnauzers,** D$^{r}$ Joël Dehasse
**Secrets d'oiseaux,** Pierre Gingras
**Le serin (canari),** Michèle Pilotte
**Le serpent,** Guy Deland
**Le setter anglais,** D$^{r}$ Joël Dehasse
**Le shar-peï,** D$^{r}$ Joël Dehasse
**Le sheltie,** D$^{r}$ Joël Dehasse
**Le shih-tzu,** D$^{r}$ Joël Dehasse
**Le siamois,** Nadège Devaux

**Le teckel,** Dr Joël Dehasse
**Le terre-neuve,** Dr Joël Dehasse
**Le westie,** Dr Joël Dehasse
**Le yorkshire,** Dr Joël Dehasse

## Ésotérisme, santé, spiritualité

**L'astrologie pratique,** Wofgang Reinicke
**Les chemins de l'éveil,** Dr Roger Walsh
**Combattre la maladie d'Alzheimer,** Carmel Sheridan
**Dans l'œil du cyclone,** Collectif
* **Échos de deux générations,** Sophie Giroux et Benoît Lacroix
**La féminité cachée de Dieu,** Sherry R. Anderson et Patricia Hopkins
**Le grand livre de la cartomancie,** Gerhard von Lentner
**Jeûner pour sa santé,** Nicole Boudreau
**La méditation — voie de la lumière intérieure,** Laurence Freeman
**Le nouveau livre des horoscopes chinois,** Theodora Lau
**L'ostéoporose,** Dr Miriam E. Nelson
\ **Où habite le bon Dieu?,** Marc Gellman et Thomas Hartman
**La parole du silence,** Laurence Freeman
* **Pour en finir avec l'hystérectomie,** Dr Vicki Hufnagel et Susan K. Golant
**Le pouvoir de l'auto-hypnose,** Stanley Fisher
**La prière,** Dr Larry Dossey
**Prodiges et mystères de la vie avant la naissance,** Dr P. W. Nathanielz
**Questions réponses sur la maladie d'Alzheimer,** Dr Denis Gauvreau et Dr Marie Gendron
**Questions réponses sur la ménopause,** Ruth S. Jacobowitz
**Questions réponses sur les matières grasses et le cholestérol,** M. Brault-Dubuc et L. Caron-Lahaie
**Renaître,** Billy Graham
**Sagesse amérindienne,** Dhyani Ywahoo
**S'initier à la méditation,** Manon Arcand
**Une nouvelle vision de la réalité,** Bede Griffiths
**Un monde de silence,** Laurence Freeman
**Un mot dans le silence, un mot pour méditer,** John Main
* **Le vol de l'oiseau migrateur,** Joseph Campbell
**Votre corps vous écoute,** Barbara Hoberman Levine

---

* Pour l'Amérique du Nord seulement.
(2001/10)

Cet ouvrage a été achevé d'imprimer
au Canada en avril 2002.

Transcontinental
IMPRESSION
IMPRIMERIE GAGNÉ